적게 일하고 잘사는 기술

'

LIVING THE 80/20 WAY (2ND EDITION)

적게
일하고
잘사는
기술

리처드 코치 지음 | **박미연** 옮김

트로이목마
TROJAN HORSE

적게 일하고 잘사는 기술

초판 1쇄 발행일 2019년 1월 21일
초판 2쇄 발행일 2021년 1월 22일

지은이 리처드 코치
옮긴이 박미연
펴낸이 박희연
대표 박창흠

펴낸곳 트로이목마
출판신고 2015년 6월 29일 제315-2015-000044호
주소 서울시 강서구 양천로 344, B동 449호(마곡동, 대방디엠시티 1차)
전화번호 070-8724-0701
팩스번호 02-6005-9488
이메일 trojanhorsebook@gmail.com
페이스북 https://www.facebook.com/trojanhorsebook
네이버포스트 http://post.naver.com/spacy24
인쇄 · 제작 ㈜미래상상

한국어판 저작권 (c) 트로이목마, 2019
ISBN 979-11-87440-42-0 (13190)

80/20 방법은 누구나 엄청난 노력을 들이지 않고도 놀라운 결과를 이끌어내게 해준다.

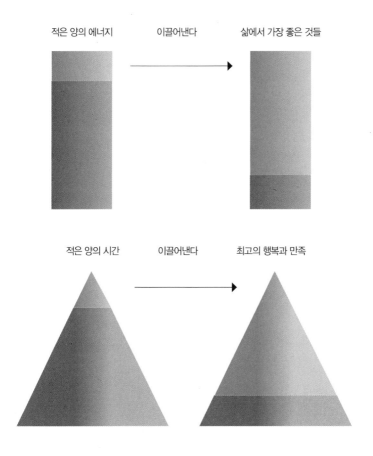

서문

만약 당신이 적은 노력과 비용으로 인생에서 많은 것을 누릴 수 있는 방법을 알게 된다면 관심을 가지겠는가? 이틀만 일하고도 일주일 내내 일한 것보다 더 많은 성과를 올리고 보수를 받는다면 좀 솔깃해지지 않을까? 산재해 있는 문제들을 간단히 해결할 수 있는 방법을 찾아내는 건 어떤가?

이런 방법이 일상생활을 하고 돈을 벌거나 성공하는 데 유용할 뿐만 아니라 인생에서 더 중요한 부분, 요컨대 자신이 사랑하고 염려하는 사람들 그리고 본인의 행복과 만족을 얻는 데 도움이 된다면, 당신의 이목을 끌기에 충분하지 않을까?

물론 당연지사다. 적게 일하고도 잘살 수 있는 80/20 방법을 따라한다면 당신의 인생이 변할 수 있다.

80/20 방법은 당신이 생각하는 것보다 훨씬 쉽고 간단하게 우리가 세상을 바라보는 시각과 행동을 변화시킨다.

어떻게 가능하냐고? 세상사가 돌아가는 법칙을 잘 이해하고 있다면 - 물론 우리가 기대하는 것과는 완전히 반대일지라도 - 그 법칙을 통해서 보다 적은 에너지로 우리가 소중히 여기는 더 많은 것을 얻을 수 있다. 적게 함으로써 더 많은 것을 이루고 즐길 수 있는 것이다.

이 책은 행동,
특히 '덜' 행동하라고 말하는 책이다

책의 내용은 지극히 실용서이지만 '많이'보다는 '덜' 행동하라는 지침에서 매우 이례적인 책이기도 하다. 수없이 많이 보아왔듯이, 다르게 행동하지 않으면 인생에서 진정한 발전을 이루기란 거의 불가능하다. 이것은 사실이다. 그러나 80/20 방법은 궁극적으로 어떻게 덜 행동할지를 알려줄 것이다. 대개 우리는 우리를 행복하게 만드는 일을 더 많이 하고 싶지만 실제로는 극히 일부분만 하고 있다. 그러다 보니 행복을 위해 계획한 모든 일의 일부만 하게 되어 전체적으로는 부족한 결과만 얻게 된다. 그러면서도 여전히 인생을 행복하게 바꾸려 한다. 우리는 더 많이 생각하고, 어떤 일은 더 많이 함으로써 좀 더 집중적으로 잘 할 수 있게 되지만, 결과적으로는 훨씬 덜 만족하게 되는 것이다.

우연히 80/20 방법을 알게 되다

나는 80/20 법칙의 발견자는 아니지만 80/20 방법을 찬양하는 노래를 부르거나 이 법칙이 얼마나 경이로운지를 주저없이 말할 수 있다. 80/20 방법은 경영과 경제 분야에서 증명된 소위 '80/20 법칙'이라는 과학적인 원칙에 근거하고 있다. 말하자면 '성과의 80퍼센트는 동기나 노력의 20퍼센트에서 나온다'는 의미를 담고 있다.

전작에서 기업의 이윤을 증가시키기 위해 80/20 법칙을 어떻게 활용할지를 설명하였다. 또한 이 원칙을 개인의 삶에 적용시키고 성공과 행복을 증대시키는 방법 등을 짧게 포함시켰다. 개인의 인생을 위한 이러한 접근 방식은 엄청난 논쟁을 불러일으켰다. 몇몇 전문가들은 이 방식이 비즈니스적인 아이디어로는 적당하나 그 영역을 벗어나서는 효과를 볼 수 없을 것이라고 했다. 그러나 그 방법을 시도해본 독자들은 그들의 삶이 변했다고 말한다.

《80/20 법칙The 80/20 Principle》은 22개 언어로 번역되었고, 50만 부 이상이 판매되었다. 경영서로 시작해 경영서로 출간되고 서점의 경영서 칸을 차지하던 책이 이제는 자기계발서로서 널리 활용되고 있다. 이는 책을 읽고 시도해본 독자들이 지인들에게 소개하고 또 그들이 독자가 되어 다른 이들에게 소개하면서 입소문을 타게 된 것이다.

전 세계의 사람들로부터 이메일과 편지 등을 지속적으로 받게 되었지만 자신의 비즈니스에서의 변화에 대해 얘기하는 이는 거의 없었다. 그들은 80/20 법칙이라는 빅 아이디어가 자신의 행복과 능력에 어떠한 영향을 끼쳤는지를 말해주었다. 자신에게 매우 중요한 몇몇 관계와 문제들에 집중할 수 있도록 도움을 받은 일, 훨씬 더 커진 자유로움, 가속 엔진이 붙은 듯 성공적인 커리어, 치열한 경쟁 사회에서 벗어날 수 있게 해준 일 등이다. 이 법칙을 통해서 그동안 자신에게 그리 중요하지도 않은 일에 매달려 노력을 쏟고 시간을 낭비하고 있다는 죄책감을 벗어던지게 되었다고 그들은 이야기한다. '80/20 법칙'으로 자신이 누구이고, 또 인생에서 원하는 바가 무엇인지를 깨달은 것이다.

이는 내 개인의 경험에서 우러나온 것이기도 하다. 80/20 법칙으로 내가 정말로 소중히 여기는 것이 무엇인지 알게 되었다. 나는 1990년에 일반적인 직장이라는 것으로부터 독립했다. 경영 컨설턴트가 되는 걸 그만두고 제대로 한번 살아보기로 했다. '일'을 통해 일종의 성취감을 누렸던 나는 내 인생이 '일'로만 좌지우지될 뿐이라는 사실을 깨달았다. 그 이후로 책 쓰기, 그리고 나 자신을 힘들게 하지 않으면서 - 물론 내 관심을 끄는 일을 제외하고는 - 새로운 사업을 구상하는 '게으른 창업가'가 되는 프로젝트에 매진했다.

남아프리카공화국에서 1년 남짓 일을 한 것을 제외하고는 '제대로 된 일'을 하지 않았으며, 대부분의 시간을 가족과 친구들과 함께 온전히 일상의 즐거움을 만끽하며 지냈다. 런던과 케이프타운 그리고 스페인 등의 집에서 1년 중 몇 달씩 절친들과 같이 생활하며 행복한 시간을 보내기도 했다. 그렇지만 난 은퇴한 것은 아니다. 정확히 말하면 나는 여태껏 일해왔던 그 어느 때보다도 더 완벽한 편안함을 누리고 있다.

일을 좀 덜 하면서 자신의 열정에 좀 더 힘을 쏟는 것이 훨씬 더 이롭다고 나는 전적으로 확신한다. 인생을 균형감 있게 사는 것은 단순히 건강이나 행복만을 가져다줄 뿐만 아니라 자신이 어떻게 정의 내리는가에 따라서는 더 큰 성공으로 이끌어줄 수도 있다.

그렇다면 이 책은 어떤 내용을 담고 있나?

이 책은 이 두 사람이 없었다면 빛을 보지 못했을 것이다. 한 사람은 케이프타운에서 레스토랑을 운영하고 있는 스티브 저소스키Steve Gersowsky다. 스티브는 성격이 밝고 활동적이며 생기 넘치고 무척이나 영리한 친구다. 그런 그가 《80/20 법칙》을 읽기가 힘에 부치네.

이해하기 너무 어려워. 10페이지도 넘기지 못했다네."라고 말해주었을 때 나는 무척이나 놀랐다. "농담이지?"라고 나는 되물었다. "아니, 친구! 숫자나 전문용어들, 통계자료 등등 너무 어렵네. 책이 훌륭하다는 얘기를 많이 들어서 읽어보고 싶었지만 결국 못 할 것 같군."

스티브가 이해를 못 한 것이 아니라 그건 내 불찰이라는 걸 깨달았다. 나는 여태껏 책이 쉽게 쓰였다고 생각해왔다. 책 뒤편에 개인에게 유용한 부분을 포함한 일부분은 읽기가 쉬웠지만, 비즈니스를 위한 몇몇 예시는 그와 관계없는 많은 일반인들의 흥미를 떨어뜨리기에 충분하다는 사실을 인정해야 했다. 책 앞부분에 비즈니스 관련 분야가 나오다 보니 실상은 그 의미가 간단함에도 불구하고 80/20 법칙이 어렵다는 인상을 준 것이다.

처음 80/20 개념을 우리 삶에 어떻게 활용할 것인지에 대한 책을 쓰기 위해 고민하면서 아이디어를 불명확하게 정리한 탓에 독자들 스스로가 그 아이디어를 이해하고 적용할 방법을 찾도록 만들었다. 그러나 나는 "이렇게 한다면 좀 더 행복해질 수 있습니다."라고 좀 더 분명하게 제시했어야 했다.

호주에 사는 로렌스 톨츠Laurence Toltz 역시 이 책을 쓸 수 있도록 영감을 준 친구다. "당신이 쓴 책 내용은 정말 훌륭합니다."라며 그녀는 내게 이메일을 보내왔다. "하지만 소득이나 교육 정도가 다른 다양한 계층의 사람들이 이해한다면 더 바랄 것이 없겠군요. 모든

80/20 법칙 관련 책에 담겨 있는 내용들

80/20 법칙

☐ 80/20 법칙의 아이디어 소개하기

☐ 원래 의도는 비즈니스 독자들을 위한 것이었다

☐ 80/20 원리를 이용해 어떻게 기업의 이윤을 올릴 것인가? 그리고
   개인에게 어떻게 적용할 것인가?

개인에게 적용하는 80/20 법칙

☐ 관리자와 기업가들을 위한 책

☐ 개인으로서 80/20 법칙을 이용해 직업적으로 부와 웰빙을 어떻게
   창출할 수 있는가?

80/20 방법

☐ 모든 이에게

☐ 행복해지고 성공하기 위해 개인적으로 어떻게 80/20 법칙을 사용
   할 것인가?

사람들이 80/20 법칙으로 자신의 문제를 해결할 수 있도록 좀 더 쉽게 써주실 수 있나요?《80/20 법칙》은 비즈니스나 전문직 종사자들을 위한 내용이에요. 비즈니스와 관련이 적은 사람이나 고급 고등교육을 받지 않은 사람들을 위해 책을 써줄 수 있나요? 80/20 방법을 이용해서 즐길 수 있는 일을 갖거나 재정 상태를 바로 잡아주는 것 같은 방법을 알려주는 책을 만들어줄 수 있나요?" 나는 즉시 "물론 그렇고 말고요!" 하고 대답했다. "너무 멋진 생각인데! 지금 당장 시작해야겠어!" 그러고 난 후, 지금 이 책이 세상 밖으로 나오게 되었다.

적게 일하고 잘살 수 있는 80/20 법칙을 어떻게 활용할 것인가?

이것이 이 책의 전부라 해도 과언이 아니다! 나는 책의 주제가 그대로 녹아 있는 아래의 두 가지 아이디어를 매우 간략하게 설명하고자 한다.

- [ ] 집중의 법칙 : 적은 것이 더 낫다
- [ ] 발전의 법칙 : 적은 것으로 더 많이 이뤄낼 수 있다

집중의 법칙은 쉽게 이해된다. 1장에서는 우리가 원하는 것의 80퍼센트는 행동의 20퍼센트에 의해 만들어진다는 개념을 서술할 것이다. 우리가 진정으로 바라는 결과를 얻는다든가 본인에게 중요한 사람들이나 동기 등을 구하는 일이 단지 몇 가지 사항에 의해서만 결정될 뿐 나머지는 다 쓸모없다는 의미다.

그래서 자신에게 무엇이 가장 중대한 문제이고 인생에서 가장 소중한 것이 무엇인지 구분해내는 법을 배운다면 - 말하자면 가장 중요한 문제에 집중하는 법을 배운다면 - 적은 것이 더 낫다는 결론에 도달할 수 있다. 인생에서 중요한 부분과 자신이 원하는 대로 작동하는 몇 가지 일들에만 집중하다 보면, 인생은 순식간에 좀 더 깊고 더 가치 있게 변한다. 이 책은 자신에게 진실로 무엇이 중요하고 또 그런 것에 어떻게 집중할 수 있는지를 찾도록 당신을 도와줄 것이다.

두 번째 아이디어는 - 적은 것으로 더 많이 이뤄낼 수 있다 - 그다지 노골적이지 않다. 발전의 법칙이 의미하는 바는 더 적은 에너지와 땀 그리고 고민으로 더 많은 결과물을 얻거나 성취한다는 의미다. 이 아이디어는 적은 노력으로 드라마틱한 발전을 이룬다는 측면에서 매우 획기적이라 할 수 있지만, 기존의 믿음과는 상반되므로 주의 깊게 시험해볼 만하다.

이 책은 '적은 것이 더 낫다'와 '적은 것으로 더 많이 이뤄낼 수 있다'라는 명제를 자기 자신과 일, 성공, 돈, 인간관계 그리고 간소한 굿 라이프 등에 어떻게 적용할지를 설명하고, 또한 인생을 변화시킬 나만의 행동 계획을 개발하는 데 도움이 될 것이다.

이 책을 읽는 모든 독자들의 건투를 빈다.

차례

"이것이 무슨 인생인가! 온갖 걱정들 때문에 잠시 멈춰 바라볼 시간마저 없다면 말이다."

– 윌리엄 헨리 데이비스 –

PART 1
적게 일하고 잘사는
기술 배우기

인생에서 80/20 법칙이란 무엇인가?

**"엄청난 결과를 얻기 위해
엄청난 노력이 필요한 것은 아니다."**
– 워런 버핏Warren Buffett –

현대인의 삶에는 오류가 있다. 과학, 기술, 비즈니스의 놀라운 발전으로 우리가 이전 세대에 비해 잘 먹고, 젊음을 유지하고, 오래 살며, 질병을 물리치고, 손쉽게 여행하고 안락한 생활을 즐기는 등을 말하는 것이 아니다.

그보다는 우리가 개인적인 그리고 사회적인 삶을 영위하는 방식에 문제가 있다는 의미다. 현대인들은 살기 위해 일하는 것이 아니라 일하기 위해 살고 있다. 하지만 좀 더 강한 자기 확신과 올바른 가치관을 가진다면, 우리가 지금 하는 것보다 더 많은 것을 이뤄낼 수 있고, 자신의 일도 더 즐길 수 있다. 대신 노동시간은 훨씬 적어져서 가족과 사회에 더 많은 에너지를 쏟을 수 있게 된다.

이것이 우리가 인생을 살아가는 데 있어 맞이하게 될 핵심적인 변화가 될 것이다. 지금의 발전은 우리 삶의 방식을 역행하게 만들었다. 예전 사람들은 좀 더 느긋하고 안정적인 삶을 즐기면서 더 편안한 생활방식과 더 많은 여가시간을 가족과 친구들과 보내고 사회적 평등과 우애를 누리며 이방인에게 우호적이었던 반면, 스트레스나 우울감, 약물과 알코올에 대한 의존도 그리고 돈과 권력을 향한 집착 등은 훨씬 덜 했다. 지금 우리는 강한 자의식과 개성을 강조하지만 많은 이들이 자신 앞에 놓인 새로운 자유를 두려워한다. 절실하게 안정감의 허상을 좇으며 걱정에 찌들었지만, 우리가 혈안이 되어 찾아다닐수록 그것들은 우리로부터 더욱더 멀어진다.

오늘날 인생은 '패스트 트랙'과 '슬로우 트랙'으로 나뉜다. 둘 다 과거의 일반적인 경로보다 마뜩잖다. '슬로우 트랙'은 경제적으로 불안정하고 낮은 수입에 사회적 지위도 높지 않으며 취업에 취약하고 누릴 수 있는 물질적 여흥이 패스트 트랙에 비해 현저히 떨어지는 것을 의미한다. 그렇다고 '패스트 트랙'에 위험요소가 없는 것도 아니다. 오로지 남보다 앞서가야 한다는 강박관념으로 개인적인 친분관계는 전적으로 직업에 결부되어야 하고, 이런 각박한 일상생활로 일이 모든 것의 최우선 순위에 놓이는 상황이 벌어진다. 패스트 트랙 역시 불안과 빈곤을 초래하는데, 이는 돈보다는 시간과 사랑의 허기를 불러온다.

현대의 삶에 물질적인 이점과 개인의 불이익이 공존한다는 이러한 분석에 공감한다면 나에게 좋은 소식이 있다. 물질, 과학, 기술적인 측면이 현대의 삶에 유용하다는 걸 인정하지만, 개인의 삶에 좋지 않은 영향을 끼친다면 이것을 타파할 상당히 괜찮은 방법이 있다고 감히 말할 수 있다.

이를 위해 대략 결과물의 80퍼센트는 원인의 20퍼센트 정도, 혹은 그보다 적은 양으로 얻어진다는 보고를 바탕으로 한 '80/20 법칙'을 인용하려고 한다. 이번 장에서는 이 법칙이 어떻게 작용하는가를 설명하고 다양한 사례들을 제시할 것이다. 여태껏 '80/20 법칙'은 비즈니스나 경제 분야에 효과적으로 활용되어 왔고 현재를 아울러 발전을 주도했다는 건 부정할 수 없으나, 그간 비즈니스나 경제 분야에 쓰여왔던 규모만큼 개개인의 삶에 적용되었던 적은 없다. 이 법칙이 잘 쓰였다면 많은 사람들이 인생을 좀 더 즐길 수 있고, 일은 적게 하면서 더 많은 것을 이룰 수 있었을 테니까 말이다.

실제로 많은 것을 성취하는 가장 좋은 방법은 적게 하는 것이다. 자기 자신과 사랑하는 사람을 행복하게 만드는 매우 중요한 몇 가지 것들에 집중할 때는 적은 것이 더 낫다.

"이것이 무슨 인생인가! 온갖 걱정들 때문에
잠시 멈춰 바라볼 시간마저 없다면 말이다."

– 윌리엄 헨리 데이비스William Henry Davies –

2장과 3장에서는 '80/20 법칙'을 활용함으로써 인생을 영위하는 방식이 어떻게 그리고 왜 근본적인 변화를 맞게 되는지 설명할 것이다.

그렇다고 너무 앞서가서는 안 된다. 먼저 지난 200년 동안 가장 명석하고 광범위하며 놀라운 발견 중 하나인 '80/20 법칙'을 여러분에게 올바르게 설명할 것이다.

100명의 사람들을 80명과 20명으로 무작위로 나눈다면 보통 우리는 80명 무리의 사람들이 20명의 사람들보다 4배가량 더 나을 것이라고 기대한다.

그런데 20명의 사람들이 나머지 80명보다 더 많은 결과물을 내는 괴짜 세상을 상상해보라.

그럼 그 괴짜 세상을 좀 더 괴상하게 만들어보자. 20명의 사람들이 80명의 사람들보다 단지 더 많이 이뤄낼 뿐만 아니라 심지어 4배 높은 성과를 얻는다고 상상해보자.

이는 분명 잘못되었다. 당연히 우리는 80명의 사람들이 20명이 이뤄낸 것보다 4배 더 많이 성취해야 한다고 기대한다. 이제 이 기이하고 편향적인 세계에서 우리는 그 반대를 생각해보자. 즉 20명의 사람들이 어쨌든 80명이 낸 결과의 4배 많은 성과를 내놓는 것이다.

불가능한가? 그럴 리가 없나? 확실히 괴짜 세상이 - 상상조차 못 할 정도는 아니지만 - 매우 드문 건 사실이다.

그렇지만 만약에 괴짜 세계에서는 강력한 영향력을 가진 몇몇과 나머지의 평범한 대다수로 구분되어 있다는 사실이 지극히 당연하다는 걸 알게 된다면 어떨까? 이 가정이 인생에 대한 우리의 시각 전체를 완전히 바꿔놓을까?

이것이 우리가 80/20 법칙을 깨닫게 되면 일어나는 일이다. 상위 20퍼센트의 인물과 자연현상, 경제력 투입 또는 다른 어떤 원인이 일반적으로 성과, 결과물 또는 효과의 80퍼센트를 이끌어낸다는 것을 말해준다.

영국 대도시 경우 53개의 비교적 규모가 큰 도시의 인구가 25,793,036명이고 나머지 군소도시들의 인구가 6,539,772명을 차지하고 있다. 이는 놀랍도록 정확하게 80/20 관계를 나타내는 것으로, 20.2 퍼센트의 도시 비중에 79.8퍼센트의 인구가 거주하고 있음을 보여준다.[1]

수식으로 나타내면 아래와 같다.

☐ 263개 도시 중에 53개 도시의 인구 = 20.2%

☐ 32,332,808명의 인구 중 25,793,036명 = 79.8%

80/20 법칙의 위력은 이 원리가 반(反)직관적이라는 데 있는데, 이는 우리의 기대치와는 다르다. 우리는 종종 자유로운 문화나 몸에 밴 공평함으로 [도표1]에서 보여주듯 원인과 결과가 거의 같다

[도표1] 원인과 결과 : 우리의 기대치

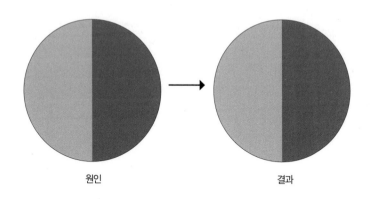

원인   결과

고 여기도록 길들여져 있다.

하지만 실제로 우리에게 일어나는 일은 [도표2]처럼 완전히 딴 판이다.

여기 다른 예시들도 보자.

☐ 다섯 사람이 포커게임을 하고 있다. 그 중 한 사람만이(20퍼센트) 적어도 판돈의 80퍼센트를 가져간다.

☐ 어느 대규모 소매점에서건 영업직원의 20퍼센트가 전체 매출의 80퍼센트 달성한다.

☐ 지속적인 연구에 의하면 어느 기업에서든 20퍼센트의 고객이 수익의 80 퍼센트를 창출한다. 예를 들면 토론토에 있는 로얄뱅크오브캐나다는 각각

[도표2] 원인과 결과 : 실제로 발생하는 일

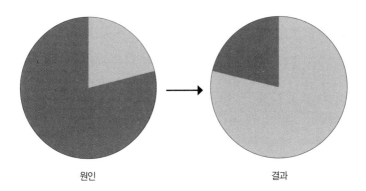

원인　　　　　　　　　결과

의 고객이 얼마만큼의 수익을 가져다주는지를 조사했는데, 단지 17퍼센트의 고객이 전체의 93퍼센트의 수익을 낸다고 설명했다.

☐　20퍼센트도 안 되는 방송 스타들만이 스포트라이트의 80퍼센트 이상을 받고, 판매되는 80퍼센트 이상의 책들은 20퍼센트 작가들의 책이다.

☐　획기적인 과학적 발견의 80퍼센트가 20퍼센트 미만의 과학자에게서 나오는 것으로 조사되었고, 이는 시대를 막론하고 매우 극소수의 과학자들만이 과학적 발견에 지대한 공헌을 했을 뿐이다.

☐　범죄 통계에 의하면 훔친 물건의 80퍼센트는 대략 20퍼센트의 절도범에 의한 것이다.

● 사례

스피드 데이트에서 누가 가장 많은 데이트 신청을 받았을까?

뉴욕과 런던에 있는 싱글족들을 가장 열광하게 만든 – 물론 당신이
이 책을 읽을 때쯤이면 그 열기가 사라졌을 수도 있지만 – '스피드 데
이팅'이라는 것이 있다.

설명하자면 이렇다. 한 방에 20~40명의 사람들이 모여서 여자는 제
자리에 앉아 있고 남자들이 자리를 옮겨가며 이야기하는 방식이다.
남자가 다른 테이블로 움직이기 전에 남녀에게는 대략 3분에서 5분
가량 서로 얘기할 시간이 주어진다. 참가자들에게는 각자 고유번호
가 있어서 마음에 드는 상대가 있으면 종이에 적어두면 된다. 진행자
는 모임의 끝에 그 종이들을 모아서 서로 맘에 드는 상대가 일치하는
사람들을 연결시켜준다. 다음날 이름과 연락처 등을 이메일로 받는
방식이다.

미국의 가장 큰 스피트 데이팅 업체에 따르면 많은 사람으로부터 데
이트 신청을 받은 참가자는 소수라고 얘기했다. "75퍼센트의 사람들
이 참가자의 25퍼센트 정도에게만 관심을 보입니다. 물론 모든 참가
자들은 가장 매력적인 사람으로 보여지고 싶어 합니다. 하지만 참가
자 중의 절반 정도는 이미 스피드 데이팅을 경험해본 사람들인데 그
런 참가자는 좀 더 자신감을 보이죠."

그런 의미에서 스피드 데이팅에서 많은 데이트 신청을 받으려면 적
어도 두 번 정도는 이런 행사에 참여해보는 것이 도움이 될 듯하다.

80/20 법칙은 원인과 결과 사이에 매우 편향된 관계를 나타내는 일종의 약칭임을 명심하라. 굳이 합이 100이라는 숫자일 필요도 없다. 몇몇의 경우에는 70퍼센트의 결과가 30퍼센트의 원인에 의해 결정되기도 하고, 다른 사례는 70/20의 상관관계로, 단지 원인의 20퍼센트만으로도 결과의 70퍼센트를 만들어내기도 한다. 또는 80/10 , 90/10이 되기도 하고 심지어 99/1 이 되기도 한다.

종종 80/20 법칙에서 좀 더 과감한 사실을 발견하기도 하는데, 요컨대 인물이나 원인의 20퍼센트보다 훨씬 더 적은 수치인 1퍼센트나 심지어 그보다 더 적은 원인 등이 결과물의 80퍼센트를 이끄는 사례도 있다. 지금부터 매우 범상치 않은 경우들을 살펴보자.

☐ 세계적인 온라인베팅 업체인 베트페어의 경우를 보면, 90퍼센트의 베팅금은 고작 10퍼센트의 고객으로부터 나온다고 전했다.

☐ 1985년 인도네시아에서는 중국계 인구가 전체인구의 약 3퍼센트를 차지하지만 그들이 국가 전체 부의 70퍼센트 이상을 소유하고 있고,[2] 비슷하게도 말레이시아에서 화교들은 전체의 3분의 1에 불과하지만 95퍼센트의 부가 그들에게 몰려 있다.[3] 모리셔스 섬의 프랑스계 인구는 겨우 5퍼센트에 불과하지만, 그들은 나라 전체의 90퍼센트 넘는 부를 갖고 있다.

☐ 6700개가 넘는 언어 중에 단지 100개 - 상위1.5퍼센트 – 만이 세계인구의 90퍼센트에 의해 통용되고 있다.

☐ 유명한 실험 중의 하나로, 심리학자 스탠리 밀그램Stanley Milgram은 네브라

스카 주의 오마하에 사는 시민 160명을 뽑아서 보스턴에 있는 증권 중개인에게 소포를 보내라고 의뢰했다. 단 다이렉트로 보내서는 안 된다. 실험 대상자들은 자신들이 알고 있는 사람 중에 소포를 받아야 하는 증권 중개인을 알 만한 사람에게 연락해서 그 소포를 중개인에게 전달해야 한다. 대부분의 소포가 6번의 단계를 거쳐 해당 중개인에게 도착했는데, 이를 '6단계 분리 이론six degrees of seperation'이라고 한다. 하지만 반 정도의 소포는 보스턴에 거주하는 지인을 통해 단지 3단계만에 도착했다는 사실에 주목해볼 필요가 있다. 사람들이 원하는 결과를 얻기 위해서는, 그 3명의 사람들이 다른 보스턴 거주자들보다 더 중요했던 것이다.[4]

☐ 유행병은 아주 적은 발병 사례로 발병률 전체를 나타내기도 한다. 콜로라도 스프링스의 임질 발생 경우를 보면, 도시의 6퍼센트의 주민들이 전체 사례의 50퍼센트를 차지하고 있었다. 조사에 의하면 6개의 술집에서 만난 168명의 주민들이 유행병 전체의 원인으로 지목되었다. 콜로라도 스프링스 인구수의 1퍼센트도 안 되는 사람들이 질병에 100퍼센트 책임이 있었던 것이다.[5]

☐ 세계인구의 5퍼센트도 채 안 되는 미국인이 전체 코카인 양의 50퍼센트를 소비한다.

☐ 부의 80퍼센트 이상은 새로운 사업을 시작하는 20퍼센트의 사람들에게서 창출된다. 지난 30년간 단지 1퍼센트의 새로운 사업 분야가 가치 창출의 80퍼센트를 차지한다고 말할 수 있다. 마찬가지로 기업가의 1퍼센트 정도가 새로운 사업을 통해 수익의 80퍼센트 이상을 벌어들이고 있다.

☐ 1847년과 1917년 사이 유럽의 역사를 보면 경찰들은 수천 명에 이르는 '전문적인 혁명가들'을 주시해왔다. 그러나 오직 한 사람, 자신을 '레닌'이라고 칭한 블라디미르 일리치 율리야노프Vladimir Ilyich Ulyanov만이 실제로 지속적인 혁명을 이끌었다. 그 기간 동안 3000명이 넘는 혁명가 가운데 오직 1명 - 0.03퍼센트 - 으로 100퍼센트 성공적인 혁명이 촉발되었던 것이다. 이는 다소 극단적인 경우이기는 하나 역사적으로는 이런 극소수 집단의 활약으로 역사 전체가 바뀌는 일들이 가득하다.

결과의 80퍼센트 이상을 달성하는 20퍼센트의 사람들이 - 결과가 좋든 나쁘든 상관없이 - 그냥 아무렇게나 선정된 이들이 아니라는 사실은 틀림없다. 그들은 일반적이지 않다. 그들이 흥미로운 이유는 다른 이들의 성과보다 적어도 10배 내지 20배의 결과물을 생산한다는 데 있다. 고(高)성과자가 다른 이들보다 10배, 20배 더 똑똑해서가 아니라 대개는 그들이 활용하는 방법이나 재원이 막강하다는 데 방점이 있다.

우리 모두가 더 잘살기 위해

80/20 법칙은 일부의 사람들이나 그들의 행동에 적용될 뿐만 아니라 사실상 인생 전반에 활용될 수 있다. 세상에는 늘 극소수의 힘이

센 세력과 방대한 수의 평범한 존재가 있다. 예를 들어보자.

□ 세계인구의 20퍼센트도 안 되는 국가들의 20퍼센트가 전체 에너지의 70퍼센트를 사용하고, 전체의 75퍼센트의 음식물을 소비하며, 목재의 80퍼센트 이상을 쓰고 있다.

□ 지구 표면의 20퍼센트도 훨씬 못 미치는 면적에서 지구 광물자원의 80퍼센트가 생산된다.

□ 생태계 교란의 80퍼센트는 전체의 채 20퍼센트도 안 되는 종들에 의해 일어나고 있다. 지구상의 3000만 종 중에서 오직 한 종이 – 수치로는 0.00000003퍼센트 – 40퍼센트 유해를 가한다고 추정된다. 종들에게는 그리 놀랄 일도 아니다.

□ 운석이 지구에 떨어질 아주 작은 확률로도 지구 면적의 80퍼센트가 손상될 수 있다.

□ 사상자의 80퍼센트 이상은 전체의 20퍼센트도 안 되는 전쟁 때문에 생겨난다.

□ 애석하게도 알래스카의 물개는 대부분 어린 시절에 죽는다. 그 중 살아남는 물개의 80퍼센트가 단지 어미들의 20퍼센트에게서 태어난 물개들이다.

□ 세상 어디든지 구름의 20퍼센트 정도가 비의 80퍼센트를 만들어낸다.

□ 녹음된 모든 음악 중의 20퍼센트 미만이 연주의 80퍼센트 이상으로 활용된다. 당신이 어떤 종류의 콘서트를 가든 그것이 고전음악이건, 록 음악이건 우리에게 친숙한 음악들은 전체 레퍼토리의 극히 일부로, 시대를 막론

하고 반복적으로 연주되고 있다.

☐ 대부분의 박물관 목록에서 소장품의 20퍼센트 미만이 전시 일정의 80퍼센트 이상을 차지한다.

☐ 성공한 기업의 자본가들의 투자를 살펴보면 자본가의 5퍼센트가 투자금의 55퍼센트를 제공하고, 10퍼센트는 수익의 73퍼센트를 창출해내며, 15퍼센트는 전체수익의 82퍼센트를 차지한다.

☐ 발명품의 20퍼센트도 안 되는 수가 우리 생활의 80퍼센트 이상에 영향을 주고 있고, 20세기의 원자력 발전과 컴퓨터는 수천 년 동안의 다른 발명품이나 새로운 기술 그 어느 것보다 우리 삶에 지대한 영향을 끼쳤다고 할 수 있다.

☐ 농작물의 80퍼센트 이상은 20퍼센트도 안 되는 면적의 땅에서 나온다. 또한 일반적으로 과일은 크기나 무게가 과목의 20퍼센트도 채 안 된다. 육류는 엄청난 양의 소화된 곡물과 여물의 축소판이다.

☐ 음료 역시 80/20 법칙을 절대적으로 입증하고 있다. 다른 음료에 비해서 코카콜라의 가치가 더 높은 이유는 무엇인가? 비밀스러운 제조 방식으로 만든 아주 적은 양의 농축액에 대량의 물을 섞어서 '콜라'를 탄생시켰다. 그렇다면 맥주는 어떻게 만들어지고 맥주 브랜드를 차별화시키는 것은 무엇인가? 적당량의 호프와 다른 감미료 정도?

☐ 사실 전체적으로 보면 도토리에서 거대한 오크나무까지, 밀 한 알에서 밀밭 전부에 이르는 삶의 전 과정이 80/20 법칙의 완벽한 현상이라 할 수 있다. 아주 작은 원인들과 거대한 결과들이 그것이다.

☐ 마지막으로 진화는 선택성의 완벽한 예시다. 생물학자 리처드 도킨스 Richard Dawkins가 추론했듯이 지구상에 종의 단 1퍼센트만 살아남았더라도 지금은 100퍼센트를 이루고 있다.

80/20 법칙이 인생 전반에 효과적이라는 사실은 놀랍고도 대단하다. 모두가 예상하는 바와 달리 원인과 결과 사이에는 커다란 불균형이 존재한다.

대부분의 원인은 보잘것없는 결과를 내놓고 오직 몇몇만이 인생을 바꿀 수 있다.

80/20 법칙의 상위 20퍼센트에만 주안점을 둔다고 생각하는 많은 사람들은 근본적으로 이 원칙이 기득권에게만 유리한 엘리트주의적 발상이라 생각한다. 하지만 이는 잘못된 생각이다. 80/20 법칙을 활용하는 사람에게 어떠한 제약이 있다든가 아니면 마치 이원칙이 제로섬 게임과 같다고 여긴다면 이것은 오류다. 이 원칙을 통해 '내가 이득을 얻고자 하면 타인은 반드시 잃어야 한다'는 명제는 사실이 아니다.

이 원칙이 엘리트주의적이라는 이유로 발전에 반대하는 것 역시 비뚤어진 생각이다. 발전은 유익하고 모든 이에게 도움이 된다. 완벽함과 균등함은 똑같이 불가능한데, 내 생각으로는 둘 다 그리 달갑게 여겨지지 않는다. 80/20 법칙이 예컨대 돈이나 개인 재산 또는 질병의 백신보다 더 엘리트주의적이지는 않다. 이 원칙이 엘리트주의적이라 활용을 기피하는 건 어리석다. 이것은 모두의 삶을 향상시켜주는 도구일 수 있기 때문이다.

노력과 고민을 줄이고 행복과 원하는 결과를 향상시키는 목적으로 일상생활에 80/20 법칙을 적용한다면, 누구든지 자신의 삶을 발전시킬 수 있다. 80/20 방법을 우주의 섭리대로 따른다면 좀 더 수월하게 좋은 결과를 얻어낼 것이다. 말하자면 자신이 행하는 일이 다른 이들에게도 이롭다는 뜻이다.

모두가 80/20 방법을 사용한다면 과연 어떨까? 다 함께 더 나아지게 될 것이다. 여전히 모든 것에 상위 20퍼센트와 하위 80퍼센트가 존재할까? 당연히 그렇다. 더 이상의 발전이 필요치 않다면 가능할 수도 있다. 완전한 세상이라 불리는 유토피아나 극락에 이른다면 80/20 법칙은 필요가 없을 것이다. 다행히도 그런 일은 일어나지 않을 것이고 우리에겐 언제나 발전해야 할 부분이 있다.

내 경험에 비춰보자면 수천, 수만 명의 사람들이, 80/20 법칙을 활용하는 것이 자신들의 재정 상황이나 사회생활뿐만 아니라 자신의 개인적인 삶에서도 엄청난 영향을 끼쳤다는 사실을 알게 됐다. 이 원칙이 우리를 행복하게 해주고, 성취감을 느끼게 해주며, 편안하게 만들어준다. 우리는 적은 것으로 더 많은 것을 이뤄내는 것부터 시작할 것이다.

적은 것으로
많은 것을 이뤄내기

"지옥으로 가는 노동의 반만으로
천국에 닿을 수 있다."
– 벤 존슨Ben Johnson –

모든 인간사와 문명의 발전은 '적은 것으로 많은 것을 이뤄내는 것'
과 연관되어 있다.

대략 8000년 전부터 인류는 동물을 사냥하던 수렵생활에서 벗어
나 과일을 채집하거나 땅을 경작하고 가축을 기르는 농경 형태를
갖추게 된다. 이로써 우리의 조상들은 수렵생활 때보다 훨씬 적은
고난과 위험으로부터 보다 많은, 또 더 나은 농작물을 얻을 수 있게
되었다.

300년 전부터는 노동인구의 98퍼센트가 땅에서 일하게 된다. 그
이후로 기계를 이용한 새로운 농업혁명이 생산력을 변화시켰다.
오늘날 선진국에서는 노동력의 2~3퍼센트만 농업에 종사하지만,

다양하고 영양이 풍부한 엄청난 양의 농작물을 생산하고 있다. 이것이 바로 적은 것으로 많이 만들어내는 것이다.

지난 400년간 경제적 발전의 가속화 역시 적은 것으로 많은 것을 이뤄낸 결과물이다. 극소량의 생산력과 방법(20퍼센트)을 찾아내어 이를 극대화시켜서 매우 적은 자원으로 더 많은 결과물을 얻는 데 성공했다. 점점 적은 양의 땅, 자본, 노동력, 관리, 재화 그리고 시간 등이 더 크고 나은 완성품을 생산하는 데 사용되고 있다. 예를 들면 더 적은 철광석과 자본 그리고 노동력으로 더 많은 강철을 생산하고, 적은 에너지와 비용으로 더 많고 성능 좋은 자동차를 만들어내며, 다양한 종류의 소비재가 더 낮은 가격에 더 나은 모양과 품질로 만들어지고 있다.

100년 전만 하더라도 컴퓨터는 존재하지 않았다. 약 60년 전쯤 엄청난 노력과 비용을 들인 거대하고 투박한 컴퓨터가 탄생했다. 그 당시 지구상에 존재했던 모든 컴퓨터의 기능은 지금 사용하고 있는 작은 노트북에도 훨씬 못 미쳤다. 하지만 이제 컴퓨터는 값싸고 경량화되고 사용하기 쉬우면서 더 강력해지고 있다. 이는 적은 것으로 더 많은 것이 이뤄지는 예라 할 수 있다.

과학, 기술, 여가, 이동수단 등 예전보다 현시대를 보다 풍요롭고 신나게 만들어준, 인류 발전에 영향을 끼친 모든 요소들은 적은 것으로 더 많은 것을 안겨줬다.

종종 우리는 어떤 것을 덜어냄으로써 적은 것으로 많은 것을 수

월하게 얻기도 한다. 대수학이 그렇다. 이는 컴퓨터 프로그래밍 혁명의 바탕이 되었는데, 숫자를 배제함으로써 계산하기 더욱 쉽도록 한 것이다. 월드와이드웹(www)은 거리와 장소를 제외시켜 운용하고 있다. 당시로서는 획기적인 발명품이었던 소니의 '워크맨'은 스피커와 확성기를 뺀 카세트테이프 재생기로 언제 어디서나 음악을 들을 수 있게 해준 환상적인 기계였다. 드라이 마티니는 마티니를 제치고 인기 있는 칵테일로 각광받고 있다.[1] 또 패스트푸드 전문점은 웨이터 없이 영업하는 레스토랑이라 할 수 있다.

생활 수준 전반을 향상시켜준 현대의 과학, 기술, 비즈니스의 기본원리, 즉 '적은 것으로 많은 것을 이뤄낸다'는 명제는 결코 과장된 것이 아니다.

작고 소소한 원인들이 크고 주된 결과를 이끌어낸다고 80/20 법칙은 말하고 있다. 따라서 자신이 원하는 결과를 얻고 싶다면 그 결과를 얻을 만한 엄청나게 생산적인 방법을 찾아내면 된다. 단언컨대 80/20 법칙에는 항상 길이 있다고 장담한다. 적은 것으로 많이 이뤄내는 것이 가능하도록 매우 창의적이고 생산적인 사람, 방법 그리고 재원의 그 황금률 20퍼센트를 알아내서 제공하는 것이다. 적은 노력, 인력 그리고 돈으로 더 많은 가치를 창출해낸 기업이나 국가라 할지라도 자신의 승리감에 빠져 있을 수만은 없다. 왜냐하면 항상 누군가가 더 좋고 나은 방법을 생각해내기 때문이다. 80/20 법칙 덕분에 경제 발전은 결코 멈출 수 없다.

적은 것으로 많은 것을 이뤄내는 원리를
우리 삶에는 적용하지 않고 있다

현대의 경제나 과학 원리가 적은 것으로 많은 것을 이뤄내는 발전의 법칙을 끌어안은 반면, 우리는 이 똑같은 원칙을 우리의 일상이나 사회생활에 적용하는 데 계속 실패하고 있다. 현대의 개인들에게 적용되는 원칙은 '많은 것으로 더 많이 이뤄내기'라 할 수 있다. 더 많은 돈을 벌기 위해, 더 높은 지위를 얻기 위해, 더 흥미로운 직업을 갖고 좀 더 신나는 삶을 살기 위해서는 일을 더 많이 해야 하고, 회사 또는 고객에게 더욱더 많은 것을 해줘야 하는 것이 당연시되고 있다. 때로는 자기 자신이나 가족 또는 친구들에게 써야 할 에너지나 시간도 없이 홀로 필요한 휴식을 취하거나 재충전하는 지경에 이르렀다.

약육강식의 인생은 직장에서의 치열한 생존전쟁으로 변하게 된다. 물론 거기에는 당연히 많은 경쟁과 자극, 돈이 결부되겠지만 결과적으로 보면 더 많은 업무에의 요구, 극도의 피로감 그리고 만연한 불안감 등이 뒤따르는 건 어쩔 수 없다.

과학, 기술, 비즈니스에는 적은 것으로 많은 것을 이뤄내는 데 성공했는데, 어째서 우리의 직장생활에서는 많이 투자해서 더 많은 것을 얻기를 꿋꿋이 고수하는가!

회사나 경제 전반에서 적은 것으로 많은 것을 이뤄내기가 효과적이라면, 개인에게도 효과적으로 활용되어야 한다. 나는 내 개인적인 경험, 또 친구들이나 지인들의 경험을 통해서 적은 것으로부터 많은 것을 성취해내는 것을 보아오면서 위에 명제가 사실임을 깨달았다. 그들은 훨씬 더 적은 양의 피, 땀, 눈물, 고군분투로, 더 깊은 만족감, 성취감, 돈, 행복, 또 더 나은 인간관계, 그리고 좀 더 균형 잡히고 편안한 인생을 일궈냈다.

우리는 많은 할 일들에 에너지를 뺏기고 있는데 그 대부분이 사실 쓸데없는 것이다. 근심걱정이 대표적이다. 근심걱정은 전혀 도움이 되지 않는다. 행동하고 걱정하지 말거나, 아니면 행동하지 않기로 하고 걱정도 그만두어야 한다. 불운을 피할 수 있거나 일어날 만한 기회를 줄일 수 있다면 – 어떠한 행동이라도 취해보는 건 바람직하다 – 행동을 취하되 걱정하기는 멈춰야 한다.

또 다른 측면으로는 일어날 일에 대해 제어하거나 영향을 줄 수 없다면 근심걱정은 우리를 엄청난 실의에 빠뜨리기만 하고 결코 힘이 되지는 않기에 행동도, 걱정도 하지 말아야 한다. 걱정은 항상 우리 마음에 자리 잡지만 곧바로 행동하느냐 아니면 행동하지 않느냐를 결정해서 – 물론 두 가지 경우 다 걱정하지 않고 – 그것을 떨쳐낼 수 있다.

우리 앞에 큰 과제가 놓여 있다. 다름 아닌 현재의 일과 생활방식을 정반대로 전환하는 것이다. 우리의 개인적, 사회적 그리고 직업적인 삶을, '많은 것으로 더 많이'가 아닌 '적은 것으로 더 많이'로 변화시키는 것이다.

시간이 걸릴 것이다. 사회적 기류는 그렇게 쉽게 그리고 재빨리 변하지 않는다. 칼뱅주의 사상에서는 고난과 역경을 개인의 성공을 위해 필수적인 것으로 인식하여 이런 관념이 사회 전반과 현대 직장 문화에 아주 뿌리 깊게 박혀 있다. 따라서 이를 뿌리 뽑으려면 한 세대가 걸릴 것이라고 주장한다. 그러나 개인을 – 당신과 나를 – 위한 80/20 방법의 백미는 기다릴 필요가 없다는 것이다. 지금 당장 활용해서 이득을 얻을 수 있다.

적은 노력으로 더 많은 행복 얻기

적은 것으로 더 많이 성취하기는 아래의 두 가지 약속을 실행하기에 효과적인 방법이다.

☐ 인생의 어떤 것도 조금이 아니라 크게 발전하는 것이 언제나 가능하다.

☐ 발전하기 위해서 질문해야 한다. "보다 적은 에너지를 가지고 보다 나은 결과를 가져다줄 만한 것이 무엇일까?"

엄청난 공을 들이든, 오늘 들인 노력만큼만 하든 발전하는 방법을 찾는 데는 충분치 않다. 왜냐하면 언제나 더 나은 결과물은, 더 적은 노력을 기울인 것에서 나온다.

  적은 것으로 많은 것을 성취한다는 것이 다소 불합리하게 들리 겠지만, 바로 그 때문에 엄청난 발전이 가능하다. 발전을 위해 더 많은 노력을 쏟는 것의 함정은, 매번 똑같이 많은 노력을 해야 한다 는 데 있다. 그렇게 한다면 발전할 수는 있지만, 그 과정에서 우리 는 지쳐버리고, 나중에는 미미한 발전만 남게 된다. 대신에, 적은 것으로 많은 것을 성취하고자 하는 놀랄 만한 기회가 있는 것이 분 명한 만큼, 멋진 돌파구를 만드는 것을 꿈꿔볼 만하다. 의도적으로 해야 할 일을 줄이고, 우리 스스로에게 깊이 생각할 여유를 주고, 좀 다르게 행동하도록 밀어붙이자. 이것이 모든 과정의 근간이 될 것이다.

  깊이 생각하기가 다소 어렵게 들릴 수도 있지만 조금 더 진중한 생각으로 더 좋은 결과에 도달하고 난관을 피해가는 것이 훨씬 더 낫지 않을까? 약간의 훈련을 통해 어떻게 적은 것으로 많은 것을 성취할까에 대해 생각하는 것이 흥미로워진다. 비결은 적은 에너 지로도 많은 보상을 얻는 일을 고르면 된다.

  자신이 영화 〈고인돌 가족 플린스톤The Flintstones〉에 나온 도시 베 드록에 사는 동굴맨이라고 상상해보라. 도시 반대편으로 지금 급 하게 가야 하는데, 그러려면 걷거나 뛰는 방법이 있다. 걷는 건 평 생 걸릴 것이고 뛰는 건 좀 더 빠르긴 하지만 더 많은 힘을 들여야 한다.

[도표3] 적은 것으로 많은 것을 이뤄내기 차트

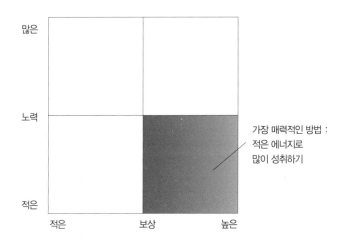

뛰는 방법은 많은 것으로 더 많은 것을 이뤄내려는 현대인들의 대표적인 실수이다. 더 나은 결과를 얻고자 더욱더 열심히 일해야 하는 전형적인 함정인 것이다.

80/20 방법은 다르다. 무척 불합리하게 보이지만 더 적은 노력으로 더 나은 결과를 요구한다. 적은 것으로 많은 것을 이뤄내기가 가능하다는 걸 인지하고 있지만, 그 방법을 알아낼 때까지 계속해서 생각해야 한다. 어떻게 하면 열심히 뛰지 않고 베드록 건너편까지 좀 더 빨리 도달할 수 있을까?

영화에 나오는 선사시대 식당의 여종업원처럼 롤러스케이트를 탈 수 있을 것이다. 당연히 뛰는 것보다는 덜 힘들고 더 빨리 도착

할 수 있다. 아니면 온순한 브론토사우루스 목에 올라타는 건 어떤가? 이것이 적은 것으로 많은 것을 성취하는 것이다.

이번엔 매력 넘치는 상대와 데이트하고 싶은 20대의 젊은이라고 상상해보자. 적은 것으로 많은 것을 이뤄내기 차트는 아마도 [도표 4]와 같은 형태일 것이다.

데이트 상대가 얼마나 멋질까 생각만 하고 아무런 행동도 하지 않는다면, 아무 일도 일어나지 않는다.

토론 클럽의 회장이 된다거나 운동 경기에서 이기는 등 자신을 돋보이게 하려고 노력했지만, 자신의 데이트 상대가 이를 알아차리지 못하거나 신경 쓰지 않는다면, 이도 결국 많은 공을 들였으나

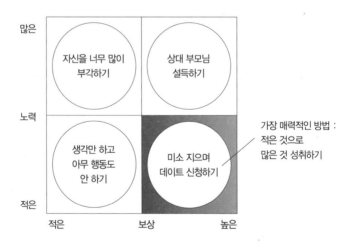

[도표4] 데이트하고 싶은 20대

적은 보상으로 돌아오는 오류에 빠지게 된다.

또는 막대한 시간을 들여 데이트하고픈 상대의 부모님을 설득해서 데이트 기회를 얻어내고 데이트를 할 수는 있겠지만, 이는 엄청난 노력을 필요로 한다.

그렇다면 데이트하고 싶은 상대에게 다가가 최대한 멋진 웃음을 짓고서 데이트를 신청하는 건 어떨까? 쉬우면서도 가장 효과적이다.

위의 사례들이 분명한 답을 제시하듯, 적은 것으로 많이 이뤄내기 차트를 자신의 인생에 대입해보면 된다. 작은 상상만으로 적은 에너지를 쓰고도 높은 보상이 주어지는 방법이 떠오를 것이다.

그렇다고 최소한의 저항의 방법만 택하라거나 행동할 때 노력의 100퍼센트를 다 하지 않고 또 자신에게 소중한 것만 취하라는 의미는 아니다. 선택은 우리에게 있다. 올바른 행동을 취한다면 별로 힘들이지 않고도 훌륭한 성과를 거둘 수 있고 에너지를 한데 모은다면 훨씬 많은 것을 성취할 수도 있다.

훌륭한 과학자, 음악가, 예술가, 사상가, 철학자 또는 비즈니스 리더들을 떠올려보라.

☐ 그들이 쉽고 자연스러운 방법을 찾아냄으로써 성공했는가 아니면 어렵고 부자연스러운 방법으로 성공했는가?

☐ 그들이 열심히 일했기 때문에 성공을 이뤘는가 아니면 자신의 분야에서 남

들보다 두각을 나타내서 좀 더 성공하기 쉬웠는가?

☐ 그들은 죄책감 때문에 열심히 일했나 아니면 자신이 하는 일을 이해하고
확신을 가지며 즐겼기 때문에 열심히 일했나?

그들이 열심히 일할 때라도 그들의 일은 언제나 실속있다. 그래서 그들은 노력의 대가로 엄청난 보상을 얻는다.

우리의 삶에는 아주 적은 돈과 노력을 들이고도 잘 되는 일들이 있다. 몹시 진부하지만, 삶의 최고의 것들은 공짜이거나 거의 공짜처럼 노력 대비 엄청난 보상을 가져다주기도 한다.

고맙다는 말, 감사함을 표현하기, 친근감 드러내기, 노을과 해돋이 보기, 동물과 환경 돌보기, 아는 사람들에게 웃어주기, 친절하게 대하기, 아름다운 곳을 산책하기, 이 모든 것들이 적은 것으로 많은 것을 이뤄낼 수 있게 한다. 즉 노력에 비해 보상은 크게 돌아온다.

우리의 인생이 앞으로 나아가는 단 한 가지 방법을 생각해본다면, 적은 것으로 더 많이 성취하도록 바라는 것이다. 적은 것으로 많은 것을 성취하는 것의 아름다움은 이것을 어떤 것에도 활용할 수 있고, 언제나 효과적이며, 인생을 통해서 당신이 원하는 답을 항상 알려주는 데에 있다. 많은 것으로 더 많은 것을 이루려는 것의 문제점은 이것이 지속가능하지 않다는 것이다. 적은 것으로 많은 것을 이뤄내기는 쉽게 유지되고 널리 퍼져나갈 수 있다. 앞서가는 생각이 인생에 큰 보상을 가져다줄 적은 비용이 되는 것이다.

습관이 되면 어려운 것이 쉬워진다

인생에 큰 변화를 가져다줄 '적은 것으로 많은 것 이뤄내기'의 마지막 요소는, 습관의 역할이다. 처음 시도해보는 일은 언제나 힘들지만, 하면 할수록 점차 수월해지고 어느 순간에는 안 하는 것보다 하는 것이 더 쉬워지기도 한다.

운동을 예로 들어보자. 8킬로미터 정도 걷기를 한다면 처음에는 무척이나 힘들지만 매일 반복하다 보면 그 정도 걷는 것쯤이야 거뜬히 해낼 수 있다. 사실상 우리의 몸과 마음은 어느 것이든 2주 정도 반복하면 익숙해지기 마련으로, 자연스럽게 몸과 마음에 배게 된다.

어려운 것은 쉬워지고 종종 쉬운 것이 어려워진다.

아무 때고 습관을 바꿀 수 있지만 이른 시기에 바꾸는 편이 더 쉽다. 쉬운 일을 예로 들면, 과식하기, 걷기보다는 차로 이동하기, 사소한 일에도 화내기 등의 습관은 몇 년이 지난 후에는 고치기가 매우 힘들다. 반면 시작하기는 힘들지만 해놓고 보면 잘한 일들은 그리 오래지 않은 시간에 점점 수월해지는 것을 알 수 있다.

꾸준히 지속하지 않고는 열심히 했던 일들이 물거품이 될 수도 있기 때문에 초기에 좋은 습관들을 갖는 건 아주 중요하다. 예컨대 제아무리 강도 높은 운동 프로그램이라 할지라도 한 달만 게으름을 피우고 하지 않으면 다 허사가 된다. 왜 아무 의미도 없는 일을 열심히 하는가? 몸에 밴 몇몇 습관들로 매일 건강한 활력을 주는 건 언제인가?

훌륭한 습관을 좀 더 빨리 갖는다면 적은 에너지로 많은 보상을 얻을 수 있다. 그렇다 해도 인간의 습성을 고려하면 취할 만한 좋은 습관들을 선택적으로 고르는 편이 더 바람직하다. 지금껏 일궈온 다른 좋은 습관을 방해하지 않고서 갖고 싶은 몇 가지 멋진 습관을 신중히 선택해 잘 마스터한다면, 적은 노력으로 더 큰 행복을 누릴 수 있다. 우리가 행할 수 있는 습관의 수는 정해져 있다. 그 중 몇몇 습관은 행복을 가져다주는 경이로운 효과를 발휘한다. 자그마한 선행의 노력으로 엄청난 행운을 얻게 되는 것이다.

높은 보상이 뒤따르는 새로운 습관을 지금부터 취할지 결정해야 하는 사람은 내가 아닌 바로 당신이다. (나중으로 미룬다면 이를 놓치게 된다). 도덕적으로 '좋은' 습관이라 해서 취하기보다는 자신에게 큰 이득이 되므로 취해야 한다. 인생의 친구가 되어줄 '매우 가치 있는 7가지 습관'을 선택하면 된다.

다음의 보기들은 큰 이로움을 주는 습관의 예들이다. (이로움이 당신에게 중요하다면 말이다. 오직 당신의 결정에 달렸다.) 7가지 큰 보상이 되는 습관을 신중하게 선택하라! 적은 노력으로 더 큰 행복을 누릴 것이다.

인생에 큰 보상이 되어 줄 습관의 예[2]

습관	보상
매일의 운동	더욱 건강해짐, 더 매력적인 몸매와 좋은 기분
매일 지적 훈련	기민해짐, 지적 능력 향상, 사색을 즐김
하루에 한 번 이타적인 행동하기	행복해짐
매일 명상하기 또는 조용한 사색	정신이 맑아짐, 보다 나은 결정을 함
사랑하는 사람 보살피기	사랑하는 사람을 곁에 두기, 그들을 행복하게 만들어줌
어디서든 칭찬하거나 감사하기	다른 사람과 자신의 기분이 좋아짐
수입의 10퍼센트 저금, 투자하기	미래의 돈 걱정하지 않게 됨
친구에게 관대하기	기분이 좋아지며 관계가 깊어짐
매일 2~3시간 온전히 편안한 상태 가지기[3]	에너지 재충전, 행복감과 건강함 유지
거짓말하지 않기	신뢰감 구축, 평판도 좋아짐
늘 침착하고 여유 갖기	기분이 좋아지고, 건강해지며, 더 오래 삶
자신에게 중요한 것에 집중하기	적은 것으로 많은 것을 얻어냄
걱정하며 살지 않기로 결심 : 행동하고 걱정하지 않거나,	마음의 평온, 덜 애쓰기

행동하지 않으면 걱정도 하지 않기

어떻게 적은 것으로   어떤 상황에서도 놀라운 발전을

많이 이뤄낼 수 있는지   가져다줌

습관적으로 자기 자신에게 묻기

자신을 가장 행복하게 만들어줄 만한 큰 보상이 되는 몇 가지 습관을 골라보라. 위의 리스트가 충분하지 않을 수 있으니 당신을 기분 좋게 해주는 습관을 더해도 좋다. 그리고 나서 자신만의 7가지 습관을 마스터해보라.

적은 것으로 많은 것을 이뤄내기의
마지막 개척지, 시간

우리에게 가장 소중하면서도 늘 부족한 건 무엇인가? 그냥 흘려보내는 것 중에 가장 안타까운 것은?

그것은 아마도 시간일 것이다. '적은 것으로 많은 것을 이뤄내기'를 우리가 가장 부족하다고 생각하는 것 – 바로, 시간 – 에 대입해본다는 것이 좀처럼 믿기지 않고 그 주장이 다소 이상하게 들리겠지만, 이는 사실이다.

우리에게는 충분히
많은 시간이 있다

"시간은 점잖은 신이다."
- 소포클레스Sophocles -

월스트리트에서 엄청난 성공을 거둔 한 브로커가 나이 서른에 티
베트로 가기로 결정하고는 수도원으로 들어가 엄격한 영적 공부에
입문했다.

첫날, 그의 동료 입문자들이 뒤쪽에 자리 잡고 있는 동안 전직 브
로커는 선(禪) 지도자(Zen master)에게 당당히 다가가 "깨달음을 얻
는 데는 통상 얼마나 걸리는지요?"라고 물었다.

선 지도자는 "7년이 걸리네."라고 답했다.

"하지만 저는 하버드경영대학원에서 수석을 했고, 골드만삭스
은행에서는 천만 달러를 벌었으며, 이 수도원에 입성하고자 최고
의 시간관리 과정을 마쳤습니다. 자, 이제 제가 공부에 열심히 매진

해 시간을 줄인다면 얼마 만에 깨달음을 얻을 수 있겠습니까?"

그러자 선 지도자는 웃음을 띠고는 말했다. "14년이 걸리겠네."

이와는 다르게 아르키메데스의 일화를 기억하는가? 그가 조용히 목욕을 하던 어느 날, 욕조 물이 출렁거리면서 쏟아지는 걸 보고는 갑자기 뭔가를 발견한 듯 기쁨에 젖어 알몸으로 아테네 거리 한복판으로 뛰쳐나가 큰소리로 외쳤다. "유레카! 드디어 알아냈어!"

그는 중요한 이론을 발견해냈다. 그가 편안하게 무념으로 휴식을 취하고 있던 그 찰나에 떠오른 영감이었다.

이처럼 시간은, 서두를 때면 우리를 비난하지만, 천천히 다가가면 친구가 되어준다.

그래서 도대체 이런 사실이 80/20 법칙과 무슨 상관이란 말인가?

시간은 80/20 법칙의 최고의 본보기이며, 인생에서 가장 소중한 것들 중 하나다. 예를 들어 직장에서 고성과를 내고자 한다면 자신에게 주어진 시간의 20퍼센트를 써서 성과의 80퍼센트를 달성하고, 사적인 영역에서도 행복과 가치의 80퍼센트는 자신이 좋아하는 일에 20퍼센트 혹은 더 적은 시간을 투자해 얻는 것이다.

일단 우리가 이런 사실을 자각하게 되면 인생에서 변화가 시작된다. 갑자기 시간의 부족함이 없어지게 되는 것이다. 서두를 필요가 없다. 우리가 시간을 통해 얻는 것을 영민하게 잘 생각해보면, 마음이 편해지고 심지어 게을러지기도 한다. 사실상 게으름을 피운다는 것은 - 생각할 시간이 많아지는 것 - 큰 성과를 이루기 위한 전제조건이 되기도 한다.

이는 고대 그리스에서도 사실로 통했다. 노예들이 모든 일을 다 하는 동안 지배층은 생각하고 토론하고 여가를 즐기며 보냈다. 이에 최고의 문명, 과학, 문학을 이뤄내는 결과를 가져왔다. 발전된 현대 사회도 이와 다를 바 없다. 많은 사람들이 예전처럼 손으로 노동을 할 필요가 없으니 머리를 이용해 부와 과학, 문화 등을 이뤄냈다.

그럼에도 불구하고 여기에는 역설도 있다. 엄청난 자유를 누린 다고 깨닫기 전까지는 우린 그리 자유롭지 못했고, 시간에 쫓긴다 고 느끼기 전에는 얼마나 많은 시간이 주어졌는지 몰랐다. 현대의 인생은 우리에게 삶의 속도를 더 내라고 채근한다. 우리는 기술을 이용해 모든 것을 더 빨리 하려고 하지만, 시간과의 경주로 얻는 건 스스로에게 스트레스를 안겨주는 것 외에는 없다. 빨리 한다고 시 간이 더 주어지는 것도 아니고 자신이 항상 뒤쫓아가고 있다는 기 분만 더해진다. 시간에 대항하는 건 상상 속의 적과 싸우는 셈이다. 지금 우리는 시간을 마치 엄청난 속도로 가속화해서 인생으로부터 빠져나가게 해야 하는 것으로 인식하고 있다.

앤드류 마벨Andrew Marvell은 그의 시에 이렇게 적었다 : '그러나 나는 등 뒤에서 시간의 날개를 단 마차가 급하게 달려오는 소리를 늘 듣 는다.'

헨리 오스틴 돕슨Henry Austin Dobson은 삐딱하게 주시했다 : '자네가 얘기했나, 시간이 간다고? 그게 아닐세! 시간은 그대로인데 우리

가 가는 거라네.'

하지만 마벨, 돕슨 그리고 현대의 삶도 모두 다 틀렸다. 적은 것으로 더 많은 것을 이뤄내면 적은 시간으로도 더 많은 행복을 누릴 수 있고, 더 적은 시간으로 더 많은 결과물을 낼 수 있다.

80/20 법칙은 시간을 보는 현대의 시각을 뒤집어서 시간에 대해 걱정 없이 삶을 즐길 수 있도록 우리에게 자유를 선사한다. 시간은 부족한 게 아니라 늘 우리 곁에 넘치도록 있다. 시간은 서두를 필요가 없고, 우리 역시 마찬가지다. 시간은 항상 그대로 그 자리를 지키고 있으며 우리에게 행복과 성취감 그리고 영원을 가져다준다.

시간은 끝없는 바다와 같다. 우리는 시간이라는 바다에서 행복하게 자신감 있게 그리고 불운이 닥쳐온다는 걱정 따위는 집어치우고 헤엄치면 된다. 이로써 시간은 '점잖은 신'이라는 소포클레스가 옳았다.

우리가 시간을 경험하는 방법에는 두 가지가 있다. 한 가지 방법은 적은 양의 - 20퍼센트이거나 더 적은 - 시간으로 자신이 원하는 80퍼센트를 얻는다. 다른 방법은 훨씬 많은 - 80퍼센트이거나 더 많은 - 시간을 할애하지만 보잘것없는 20퍼센트 정도만 이룬다.

시간은 일률적인 속도로 지나가지 않는다. 시간은 간헐적이다가 콸콸거리며 흥청망청하기도 하고 찔끔찔끔하거나 넘쳐나듯 흐른다. 아무 일도 일어나지 않을 때는 긴 시간이다가도 마음의 해일이 세상을 바꿔놓는 건 잠깐이다. 시간 파도타기의 묘미는 물결을 좇아 이를 행복과 성공으로 만드는 데 있다. 시간은 절대적이 아니라 우리의 감정이나 관심 그리고 타이밍에 의해 상대적이 된다.

완벽히 빠져들고, 극도로 행복하며, 우주와 하나가 된 듯 느껴질 때가 있다. 그때는 바로 시간이 정지해 있는 때를 말한다. 좀처럼 시간의 흐름이나 자신을 의식하지 못하고 무아지경에 빠지며 자신 안의 고요와 황홀경을 비로소 경험하게 된다.

'시간이 흘러간다고' 우리는 말하지만, '단지 사라지는 것이다.'

가장 행복한 나날, 또는 가장 큰 일을 달성하는 순간 등은 드물다. 아르키메데스처럼 대발견을 하는 순간도 있고, 인생이 변할 만한 결정의 순간도 있다. 이런 작은 시간의 부분들이 보통 시간의 며칠, 몇 주, 몇 달, 심지어는 몇 년만큼의 가치가 있다.

반면 아무 일도 일어나지 않을 때도 있다. 지루하고 처량하고 재미없는 기분이 든다. 이런 무기력한 날엔 시간은 빨리 흐르지도 그대로 멈춰 있지도 않고 힘들게 질질끈다.

위의 첫 번째 시간의 성질과 가치가 두 번째 시간의 그것과 동일한가? 전혀 그렇지 않다. 무아지경에 빠진 시간은 보통 시간의 전부와도 같다. 적은 것이 더 낫는 의미다.

시간의 가치 그리고 우리가 그것을 어떻게 경험하느냐는 우리가 그것을 어떻게 사용하는가에 달려 있다. 본인의 삶을 그 순간에 어떻게 느끼는가 하는 것이다.

- [ ] 우리 대부분은 시간의 20퍼센트에서 행복의 80퍼센트를 느낀다.

- [ ] 시간의 80퍼센트가 단지 행복의 20퍼센트에만 기여할 뿐이다.

- [ ] 우리가 이룬 80퍼센트의 성과는 대체로 시간의 20퍼센트에서 나온다.

- [ ] 나머지 80퍼센트의 시간이 성과의 20퍼센트만을 이끌어낼 뿐이다.

다음을 살펴보자.

- [ ] 우리가 하는 일의 대부분이 한정된 가치를 지닌 것으로, 모든 이에게 그렇다. 프랑스의 작가 라 브뤼에르La Bruyère는 이렇게 서술했다. "시간을 가장 잘못 활용하는 사람들이 시간이 부족하다고 가장 많이 불평한다."

- [ ] 아주 짧은 시간에 경험하거나 해내는 일들이 엄청난 가치를 지닌다. 단지 시간의 20퍼센트 만으로 행복과 성과의 80퍼센트를 이룰 수 있으니, 나머지 시간을 되돌려 받을 수 있다. 이는 사용한 시간의 4배 또는 400퍼센트로 되돌려 받는 것을 의미한다.

- [ ] 시간을 작은 단위로 분배해 잘 사용한다면 부족함이 있을 수 없다. 예를 들어, 시간의 80퍼센트가 효용가치의 20퍼센트 정도만 만들어낸다면 그 시간에 대한 보상은 20을 80으로 나눈 25퍼센트 정도이다. 이때 문제는 시간이 아니고 그것으로 무엇을 하느냐다. 우리는 보잘것없는 25퍼센트의 시간을 보상 받을 수도 있고, 400퍼센트 만큼 되돌려 받을 수도 있다.

- [ ] 만약 당신이 자영업이나 자기 사업을 함으로써 일주일에 이틀은 자신에게 가장 중요한 활동을 하는 데 할애할 수 있다면, 종전에 5일이 걸려 만들어

낸 가치를 단 이틀 만에 160퍼센트 얻어낼 수 있다. 그리고 하고 싶은 일을 맘껏 할 수 있는 3일이 여전히 남아있다.

☐ 시간의 쓰임새를 바꿈으로써 삶의 질을 현격히 끌어올릴 수 있는데, 이를테면 내가 행복하고 생산적인 몇 가지 일에 더 집중하는 반면, 높은 성과나 행복을 가져다주지도 않으면서 시간만 많이 쓰이는 활동을 줄이는 것이다. 이런 방법으로 적은 노력으로도 삶을 발전시키는 것이 가능하다.

☐ 대부분 우리가 경험하는 '좋은' 시간은 짧고, 반대로 '나쁜' 시간은 길다. 이 둘을 바꿔치기하면 어떨까? '좋은' 시간은 길어지고, '나쁜' 시간은 짧아져 삶에 혁명이 일어나게 된다.

물론 행복함의 정도나 개인의 효용성 등은 정확하게 측정될 수 없다. 80/20 법칙의 숫자들은 대략적이다. 그래도 경험상으로 보자면 가치 있는 시간에 4배 곱하기하는 것은 마치 80세가 아니라 320세까지 사는 것과 같다. 물론 나이듦이 갖는 그 어떤 불이익도 없이 말이다.

당신에게 행복의 섬은 무엇인가?

'행복의 섬'이란 특별하고 영예로운 순간으로, 우리가 가장 행복감을 느낄 때를 지칭하는 잠깐의 시간을 말한다.

마지막으로 당신이 정말로 기뻤던 때가 언제였는지 기억을 더듬어보고, 그보다 더 전은 언제인지 거슬러 생각해보라.

그런 시절들의 공통점은 무엇인가? 특별한 장소에 있거나, 특정한 사람과 함께 아니면 어떤 특정 활동을 하고 있었나? 공통의 주제가 있었나?

그렇다면 당신은 어떻게 행복의 섬에서 보냈던 시간들을 배가시킬 수 있을까? 행복의 섬이 차지하는 시간이 당신의 시간에 겨우 20퍼센트 정도밖에 안 된다는 것을 알게 됐다면, 어떻게 이를 40, 60 또는 80퍼센트까지 끌어올릴 수 있을까?

당신 시간의 80퍼센트가 단지 행복의 20퍼센트만 가져다준다면, 불필요한 활동을 줄여서 당신을 행복하게 해줄 만한 일들을 위해 시간을 쓸 것인가?

다행히도(?) 시간의 사용량에 비해 빈약한 행복으로 보답이 돌아오는 활동이 주위에는 많다. 예를 들면 텔레비전을 보는 사람들을 대상으로 한 설문에서 극히 일부분만 텔레비전을 시청한 후 기분이 좋다고 답했다. 대부분은 약간의 우울감을 느낀다. 당신이 텔레비전 시청 후 행복하다면 계속해도 되지만 그렇지 않다면 당장 그만두라!

행복에 그리 도움이 되지 못하는 활동 중에 당신이 그만둘 수 있는 것은 무엇인가? 의무감에서 벗어나기 위해 무엇을 할 것인가? 하는 일에 전혀 흥미가 없는데 얼마나 잘 할 수 있겠나? 당신이 행복하다면 행복감은 당신을 둘러싼 주변 사람들의 삶에도 넘쳐흐르게 된다. 시간을 쓰지만 불행하다면, 그건 반(反)사회적일 뿐이다.

스스로에게 물어보라.

"내가 보내는 대부분의 시간 동안 행복하지 못하다면, 어떻게 그런 시간을 줄일 수 있을까?"

당신의 성취의 섬은 무엇인가?

80/20 법칙을 처음 접하는 사람들은 자칫 잘못 이해하는 경우가 있다. "그 아이디어가 이론적으로는 타당하지만……."이라며 최근에 만난 한 자선기금 단체 회장이 나에게 말을 건넸다. "하지만 실제로는 불가능하다고 생각합니다. 내가 하는 일의 최상위 20퍼센트에 나를 가둬둘 수가 없거든요. 현실에서 오랜 기간 그런 방식을 고수하기란 쉽지 않지요." 그래서 나는 "당신에게 가장 소중한 20퍼센트는 무엇이라고 생각하십니까?" 하고 물었다. "글쎄요. 연설을 하러 바삐 다니고 자선기금도 모아야 되고, 중요인사나 훌륭한 사람들과 만나는 일 등입니다. 연설이 잡혀 있을 때는 일주일에 두 번의 점심 약속과 저녁 모임을 합니다만 그보다 너 많이 하면 녹초가 되죠." "그건 당신의 가장 귀중한 시간이 아닙니다." 나는 반박했다. "아주 편안한 상태였지만 큰 성과를 낼 수 있었던 순간이 언제

였는지 생각해보세요. 그런 시간이 최근에도 있었나요? 뭐 번뜩이는 아이디어가 생각났던 찰나 같은?"

"아, 네. 그래요. 당신이 말하는 의미를 알겠군요. 어느 화창한 오후 난 몹시 피곤해서 집으로 돌아가 정원 의자에 앉아 휴식을 취했습니다. 한껏 빈둥거리고 있던 그때 새로운 캠페인 아이디어가 떠올랐죠. 그러고는 그 아이디어로 1년 전보다 5배 많은 기금을 모았습니다."

'성취의 섬'이란 당신이 가장 생산적이고 창의적일 수 있는 순간을 의미하는 것으로, 적은 것으로 많은 것을 얻을 수 있고 짧은 시간 안에 힘들이지 않고 최고를 이뤄내는 것이다. 당신의 성취의 섬은 무엇인가?

이런 순간들에 어떤 공통점이 있나? 하루 중 같은 시간에 발생하는가? 이것은 마치 판매하기나 글쓰기 또는 의사결정하는 행위와 비슷한가? 어떤 특별한 장소나 특정한 동료와 함께할 때 일어나는 일인가, 아니면 같은 사건이나 자극에 의해 발생하는가? 어떤 기분 상태인가? 그룹에 속해 있을 때인가, 아니면 혼자 있을 때인가? 서두를 때인가, 편안한 상태일 때인가? 말하고 있을 때, 경청하고 있을 때 또는 생각 중일 때인가?

어떻게 하면 성취의 순간에 머무르는 시간을 배가시키면서 다른 것들에 들이는 시간을 줄일 수 있을까?

리처드 아담스Richard Adams는 일상의 지루함에 환멸을 느끼고 있던 중간급 정부관료였다. 그는 50세 무렵 토끼를 무척 좋아하는 딸 줄리엣을 위해 잠잘 시간에 읽는 동화책을 쓰려고 했다. 《워터십 다운의 열한 마리 토끼^{Watership Down}》는 700만 부 이상이 팔려 나갔고, 아담스의 인생을 바꿔놓았다.

본업을 그만두지 않고도 자신이 좋아하는 일에 좀 더 많은 시간을 보낼 수 있을까? 취미, 관심 또는 부업으로 하는 일이 새로운 커리어가 되어 인생을 꽃피울 수 있을까? 시간을 더 쏟을 만큼 좋아하는 일을 찾아보자. 그리고 본업을 병행하며 새로운 프로젝트를 시도해보라. 깨닫는 순간이 올 때까지 다른 아이디어도 시도해보라.

보잘것없는 몽상가 점원

제멋대로인 학생이 있었다. 말썽을 피우다 학교에서 쫓겨났고 갈데라곤 형편없는 보수의 신입 서기직뿐이었다. 직장은 무척이나 따분해서 그는 온종일 공상이나 하고 과학책이나 읽으면서 시간을 때웠다. 그는 스스로를 '독학하는 아마추어 과학자'라고 자부했다.

그 청년이 바로 앨버트 아인슈타인^{Albert Einstein}이다. 그는 20대 중반에 '상대성이론'으로 과학계에 엄청난 반향을 일으켰다. 4년간 베른에 있는 스위스 특허청에서 일하는 동안 그는 이 이론을 연구했다. 그 덕에 그는 여생을 '유명한 과학자'로 명성을 떨쳤다.

많은 훌륭한 아이디어가 사람들이 평범한 일을 할 때 나온다. 낭비되고 무의미했을 시간들이 비로소 대단히 창의적이고 즐겁게 되는 것이다.

아래의 80/20 질문을 잘 살펴보라. 질문들에 답하기 위해서 자신을 진짜 신나게 하는 모든 것을 잘 생각해서 적어보라. 일상의 어느 때고 직장에서나 취미생활 또는 스포츠 등 하루 중 자신에게 최고의 순간을 선사해주는 활동을 말한다. 그런 다음 그중 하나를 선택해 인생의 중심점이 되도록 하거나, 또는 그런 일들이 갖는 공통점을 찾아서 더 많이 하고 나머지 일들은 적게 하도록 하라.

예를 들자면 나는 열정을 북돋우는 걸 좋아한다는 사실을 깨달았을 때 내 인생이 좀 더 행복해졌다. 개인이나 그룹으로 모인 사람들에게 내가 생각하기에 타당하다고 판단되는 주제나 동기 등에 관해 그들에게 많은 격려를 해주는 것이다. 아마도 이러한 이유로 지금 나는 책을 쓰고 연설을 하고 우리를 흥분시킬 만한 아이디어를 친구들과 이야기하는 데 많은 시간을 쏟고 있는지도 모른다. '열정 북돋우기'라는 일반적인 직업 부류는 없지만 내가 가장 즐기고 잘할 수 있는 이런 일이 내 삶을 좀 더 가치 있고 풍요롭게 이끌었다. 오히려 다른 일은 더 적게 하면서 말이다. 지금 나에겐 간단한 결정 원칙이 있다. 무엇을 해야 할 때 이 일이 '열정 북돋우기'와 상관없다면 나는 과감히 "노!" 라고 외친다.

당신에게 이와 같은 것은 무엇인가?

시간 관리하는 시간을 줄이고 시간을 개혁하라

자신의 시간을 '관리'하려고 하지 마라.

우리는 자신에게 부족한 무언가를 관리하려고 애쓴다. 예컨대
돈 같은 것. 하지만 우리에게 시간은 부족하지 않다. 아마도 아이디
어나 자신감, 또는 판단력 등이 부족할지 몰라도 시간은 그렇지 않
다. 우리가 부족하다고 느끼는 시간은 그대로 머물러 있는 시간, 즉
행복하고 생산적이라고 느끼는 그런 멋진 시간들이다.

시간 관리는 우리에게 좀 더 속도를 내서 빨리 하라고 말한다. 더

많은 자유시간과 쉴 시간을 준다고 사탕발림하지만 실제로 그런 시간은 주어지지 않는다. 그런 약속은 빨리 달리게 하는 데 쓰이는 당근과 같아서 당나귀마냥 빨리 가려고 발버둥치지만 당근과 닿을 듯 말 듯한 거리만을 유지하게 할 뿐이다. 빨리 돌아가는 지금의 세상에서는 업무시간은 길어지고 여가시간도 없이 일해야 하며 압박감은 더해만 간다. 당나귀처럼 우리도 속아왔을 뿐이다. 시간 관리로는 일은 더 하고 더 적게 쉴 뿐이다.

반면 시간 개혁은 그 반대를 얘기한다. 우리에겐 결코 부족하지 않은 엄청난 시간이 있다는 것이다. 왜냐하면 우리가 낭비하는 시간이 매우 많기 때문이다.

자신의 시간 혁명을 촉발하기 위해서는 속도를 줄이고 천천히 하라. 걱정은 떨쳐내라. 그리고 더 적게 일하라.

해야 할 일들 리스트는 집어던지고, 하지 않을 일들 리스트를 만들어라.

덜 행동하고 더 많이 생각하라. 자신에게 중요한 일에 심사숙고하라. 그리 중요치 않은 일이나 자신을 행복하게 만들지 못하는 일은 그만두라. 그리하여 인생을 음미해보라.

현대의 세상은 통제 불가능하게 가속화되어 왔다. 기술은 인간에게 더 많은 자유시간을 가져다주어야 마땅하지만, 실상은 그 반대의 일이 벌어지고 있다. 시어도어 젤딘Theodore Zeldin은 이렇게 말했다.

"기술은 심장박동을 빠르게 했고, 집안일, 여행, 여흥 등을 압축시
켜놨고, 인간의 삶 속으로 점점 더 많이 비집고 들어갔다.
기술로 인해 인생이 이렇게나 빨리 움직인다는 느낌을 불러일으키
리라고는 아무도 기대하지 못했다.[1]"

가속의 파도에 거슬러 헤엄치라. 틀에 얽매이지 말고 차라리 괴
짜라 돼라. 일기 쓰기는 그만두고 휴대전화도 없애라. 지루한 행사
나 모임 같은 건 가지 마라. 자기 자신과 자기가 소중히 생각하는
사람들을 위한 시간을 가져라.

시간 개혁

많은 이들처럼 나도 세상에서 두 번째로 돈이 많은 투자의 귀재, 워
런 버핏을 존경한다. 그 이유는 그의 사업수완이나 돈 때문이 아니
라 그가 시간을 쓰는 매우 이례적인 방법 때문이다. 그는 미국에서
가장 크고 돈이 많은 거대 복합 기업체를 운영하고 있다. 그렇다고
그가 서두르는 법이 있나? 아니면 굉장히 바쁜가? 전혀 그렇지 않
다. 그는 이렇게 말한다. "일하러 갈 때는 탭댄스를 춥니다. 일단
일하러 가서는 등을 대고 누워서 시스티나 성당 천장(Sistine chapel
ceiling, 로마의 시스티나 성당 천장에 미켈란젤로가 그린 세계 최대의 벽

화가 있다. _편집자주)에 그림 그릴 것을 기대하죠." 그가 말하는 자신의 스타일은 '혼수상태에 가깝다'이다. 그는 꼭 해야 하는 매우 중요한 아주 극소수의 결정만 한다. 편안하고 사려 깊으니 그의 결정은 늘 옳다.

내가 아는 사람 중에 최고의 '시간 개혁상'을 받을 사람은? 굉장히 잘나가는 컨설팅회사의 설립자이자 전 리더였던 빌 배인^{Bill Bain}이다.

나는 파트너로서 그와 2년간 같이 일했었다. 모든 사람이 열심히 그리고 늦게까지 일했다. 한 사람을 제외하고는 말이다. 우린 자주 엘리베이터에서 마주치곤 했다. 빌은 흠잡을 데 없이 차려입고는 사무실로 들어가거나 나서는 길이었는데, 대부분 테니스 장비를 들고 있었다. 그는 거의 모든 중요한 결정을 했고 돈도 많이 벌었지만 늘 아주 적은 시간과 힘을 들일 뿐이었다.

컨설팅회사를 꾸리는 건 쉬운 일이 아니다. 하지만 친구이자 파트너인 '짐' 역시 대부분의 예상과는 다르게 행동했다. 처음 우리는 매우 비좁은 사무실에서 온갖 소음을 들으며 미친 듯이 일했다. 모두들 분주하게 여기저기를 헤집고 다녔지만 짐은 예외였다. 그는 조용히 앉아서 캘린더를 유심히 보더니 자신이 해야 할 일들을 힘없이 적고 있었다. 우리의 임무는 그 목표들을 완수하는 일이었고, 짐보다 그 일을 훌륭히 해낸 이는 없었다.

'크리스' 역시 컨설턴트이자 시간 개혁가 중 한 명이다. 그는 군

부대에 몇 백만 달러의 연구성과를 팔았다. 그는 늘 아침 일찍 출근해서 저녁 늦게까지 사무실에 있었지만, 그가 장시간 업무를 한다는 소리를 들을 정도는 아니었다. 그는 오후에는 아무도 모르게 골프나 테니스를 치러 다니거나 경마장에서 있거나, 또는 아주 긴 점심식사 시간을 가졌다. 모두가 그가 사업상 의뢰인을 만나겠거니 생각했다. 그런데 내가 한번은 싫은 소리를 하자, 자신은 적은 노력으로 많은 성과를 이뤄내기 위해 80/20 방법을 따라하는 중이라고 말했다. 그래서 이 방법이 효과적이라는 걸 인정해야 했다!

지금 이 순간을 살기

현재의 순간은 치명적일 만큼 소중하다. 과거나 미래를 살지 마라. 과거의 일이나 미래에 대해 걱정도 하지 마라. 적은 것으로 더 많은 것을 성취하기란, 자기 자신을 현재의 순간으로 몰아넣고 전념하는 것이다.

　시간은 빠져나가는 게 아니고 왼쪽에서 오른쪽으로 지나가지도 않는다. 시계의 침이 보여주듯이 계속해서 돌고 돌 뿐이다. 과거에 즐거웠던 시간은 여전히 그대로 있다. 우리의 성과물이나 선행도 아직도 그 자리를 지키고 있다. 다가올 미래가 짧든지 길든지 간에, 현재는 실제이고 소중하다. 지나간 과거를 뿌듯해하고 미래에 희망을 걸어볼 수 있지만, 우리가 살아가는 건 오직 현재, 지금뿐이다.

80/20 관점에서 보는 시간은 우리를 좀 더 편안하게 만들고 '연결되게' 해준다. 편안하게 해주는 이유는, 지나가버린 시간이 다 써버린 시간이란 뜻이 아니기 때문이고, 우리 모두는 지금 현재 일어나는 일들에 다 같이 '연결되어' 있다는 의미다.

오늘날 우리는 본인이 어떤 선택을 하는지를 경험하고 즐기는 인생의 귀중한 선물을 얻었다. 인생의 매 순간은 영원의 가치를 지니고, 고유한 개성의 발자욱을 남긴다. 시간이 그대로 정지해 있을 때 우리는 충분히 현재에 녹아든다. 그때 우리는 전부이기도 하고 아무것도 아니기도 하다. 시간은 쏜살같이 지나가지만 영원하다. 행복할 때 인생은 의미 있게 된다. 우리는 시간의 일부이기도 함과 동시에 그 밖에 있기도 하다.

시간 혁명은 우리에게 적은 시간으로 더 많은 기쁨을 가져다준다. 현재의 순간이 의미 있을 때, 시간은 결점 없는 하나의 완전체로서 엄청난 가치를 지니지만 쉽사리 눈에 띄지는 않는다. 서두를 필요도 없고 걱정도 물러가고 행복은 더해진다. 당장이라도 황홀한 행복감에 도취될 수 있다. 우리가 삶과 세상과 하나가 될 때 비로소 시간 밖으로 나올 수 있다. 적은 것으로 많은 것을 이루는 최고점에 도달할 수 있는 것이다.

인생에서 가장 중요한 5가지 영역

이제 '적은 것이 더 낫다'와 '적은 것으로 많은 것을 이뤄내기'를 삶의 5가지 주요 영역에서 알아볼 2부로 넘어가보자.

- ☐ 자기 자신
- ☐ 일과 성공
- ☐ 돈
- ☐ 인간관계
- ☐ 간소한 굿 라이프

우리는 각각의 영역에 관심을 집중하는 법을 배울 것이다. 그러기 위해서는 적은 것이 더 낫다. 또한 많은 것으로 더 많은 것을 얻으려는 쳇바퀴 같은 일상에서 얻는 스트레스와 부담을 떨쳐내 적은 것으로부터 더 많이 즐기는 법을 알려줌으로써 어떻게 인생을 발전시킬 수 있는지 보여줄 것이다.

주목해야 할 만한 사항들은 유용한 행동 단계에 명시하고, 2부의 마지막 결론으로는, 요즘 세상에서 품위 있게 걱정거리들을 비켜나갈 수 있는 개인의 행동 계획을 개발하도록 도움을 줄 것이다.

"돈과 일의 연결고리를 끊을 때야 말로 무엇이 당신의 진짜 일인지 발견할 수 있는 기회가 생긴다. 이는 어쩌면 지금 당신이 돈을 벌기 위해 하는 일과는 전혀 관계가 없을지도 모른다."

– 조 도밍후에즈, 비키 로빈 –

PART 2
적게 일하고
잘사는 인생 만들기

자신의 최고
20퍼센트에 집중하기

"나는 어렸을 때보다 지금 더 에너지가 넘친다.
왜냐하면 내가 무엇을 하고 싶은지 정확히 알고 있기 때문이다."
– 전설적인 발레 무용가 조지 발란신George Balanchine –

열두 살이 되던 해에 스티븐 스필버그Steven Spielberg는 영화감독이 되기로 결심한다. 5년 후 유니버셜스튜디오를 방문하는 투어에서 몰래 빠져나와 실제 영화가 만들어지는 장소를 찾아다녔다. 열일곱 살짜리 소년은 유니버셜스튜디오의 편집국장에게 자신이 만들려고 하는 영화에 대해 장황하게 설명했다.

다음날 스필버그는 정장 차림으로 아버지의 서류가방에다가 사탕 두 개와 샌드위치를 넣고 유니버셜스튜디오 정문으로 당당히 걸어 들어갔다. 그는 버려진 트레일러의 문에 떡하니 이렇게 써 붙였다. '스티븐 스필버그 감독'. 그는 촬영장에 고정 인물이 되어서 감독, 프로듀서, 작가, 편집자 등과 같이 어울리며 아이디어들을 끌어모았고, 진짜 감독들은 어떻게 행동하는지 관찰했다.

20세에 스필버그는 자신이 만든 짧은 영화를 유니버셜 측에 보여줬고 텔레비전 시리즈 연출가로 7년 계약을 맺게 된다. 알다시피 나중에 그는 엄청난 성공을 거둔 영화 〈ET〉를 비롯해 많은 블록버스터 영화들을 연속적으로 만들어냈다.

스필버그는 집중했다.

집중은 개인의 활력과 행복, 그리고 성공의 비법이다. 집중한다는 의미는 적게 하는 것, 즉 적다는 의미다. 하지만 집중은 적은 것을 많게 만든다. 어렵지 않음에도 불구하고 아주 극소수의 사람만이 집중한다. 집중하기는 인간 존재의 핵심인 개성을 드러나게 해준다.

나는 누구인가? 어떤 사람이 되고 싶은가?

인생의 가장 큰 미스터리는 인간의 성격과 독특성이다. 다른 동물들은 못 하지만 우리는 스스로 개성을 만들어낸다. 인간 유전자 98퍼센트는 침팬지의 유전자와 동일하지만 나머지 다른 2퍼센트로 모든 차이점을 만들어낸다.

그렇다고 우리가 전적으로 유전자로만 결정되는 것은 아니다. 스토리, 아이디어, 음악, 과학, 또는 문화를 만들어내거나 생각하

고 의사소통하는 등 유전자만으로는 할 수 없는 대단한 것들을 인간은 해내고 있다.[1]

우리는 자신만의 고유한 잠재력을 만들고 다듬어서 개별 주체가 되는 것을 지향한다. 우리 각자는 다르게 또 예측 불가능하게 발전해왔다.

개성이란 다름을 의미한다. 다름은 다듬기, 빼기, 집중이 요구된다. 뚜렷이 구별되고 고유한 측면에 집중함으로써 다르게 된다.

그렇다. 우리는 단지 텅 빈 백지 상태가 아니다. 우리의 유전인자는 외모를 결정하고, 다른 여러 문제에 의견을 피력한다. 자라면서 부모님과 가족들은 우리가 행동하고 사고하는 데, 무엇보다 우리 자신에 대해 생각하는 데에 영향을 끼친다. 선생님, 친구들, 종교 지도자, 직장 상사 그리고 멘토들도 우리 인격의 틀을 잡아준다. 사회의 규범과 관념, 어울리는 사람들 무리 역시 우리에게 엄청난 영향을 미친다.

이러한 여러 요소들을 배제한다 하더라도 여전히 남아있는 것은 귀중하면서도 특이하다고 불리는 '자아', 즉 자신만의 독특한 정체성과 자율성이다. 어떤 압박이 있더라도 우리는 자신의 품성을 유지한다. 지구상에 같은 사람은 아무도 없다. 크건 작건 우리는 반드시 세상에 영향을 끼치고 있으며, 우리가 없었다면 세상은 지금처럼 달라지지 않았을 것이다.

우리는 '빼기'를 통해 개인이 되어간다. 적은 것이 더 많은 것이다. 우리에게는, 진정성 없는, 그러니까 '진짜 자신'이 아닌 우리의 일부분 - 배경, 부모님 또는 환경으로 인해 얻어진 일부분 - 이라도 떨쳐낼 수 있는 훌륭한 기회가 있다. 진정한 자아(authentic self)는 전체 자아의 작은 부분이지만, 치명적으로 중요한 자아임은 분명하다. 우리 모두에겐 특별한 재능이 있고 독특한 상상력과 약간의 천재성 등이 있다. 이는 인생을 밝혀주는 불꽃으로, 전적으로 우리 자신의 것이다.

우리가 자기 자신에게 집중하기만 하면 다른 이들에 관한 생각이나 행동을 그만두게 된다. 그렇다면 이것은 손실인가? 양적인 면으로는 그렇다. 하지만 질적인 면에서는 결코 그렇지 않다. 질적인 면으로는 적은 것이 더 많은 것이다. 자신의 관심분야를 좁힘으로써 이들을 좀 더 깊게 파고들고 좀 더 심도 있게 만들 수 있다. 또 독특함에 근거한 자신의 최고 분야에 집중함으로써 좀 더 독립적인 개체가 될 수 있고, 좀 더 인간다워질 수도 있다. 우리는 자신의 재능과 독자성 그리고 무엇보다 인생을 깊이 그리고 독특하게 즐기는 능력에 집중해야 한다. '개성 개발하기'는 자각하는 과정이라 할 수 있다. 이는 자신이 어떤 사람인지, 또 어떤 사람이 아닌지, 그리고 자신이 어떤 사람이 되고 싶은지, 아니면 되고 싶지 않은지를 결정하는 것과 관련된다. 자신이 가지고 있는 다른 점과 잘하는 분야를 연마하고 증대시킴으로써, 또 신중한 결정과 행동을 통해서, 우리는 뚜렷이 구별되는 개성을 갖게 된다.

집중과 개성이 인생을 수월하게 만든다

많은 이들이 인생에서 정처 없이 헤매거나 아무런 희망이나 방향도 없이 그냥 적당히 살아가고 있다. 그들은 그런 방식이 가장 쉽다고 생각한다. 그러나 과연 그럴까? 그들이 자신을 기만하고 있는 것은 아닐까?

가장 중요하고 필요한 부분인 진정한 자아를 개발하기는 그리 어렵거나 부자연스러운 것이 아니다. 스스로에게 진솔하다는 것은, 자신의 순수하지 않거나 자연스럽지 못한 부분을 버린다는 의미다. 억지로 행동하는 걸 그만두라. 지겹지만 관심 있어 보여야 되거나 흥미 있는 척해야 하는 일들을 멈추라. 다른 사람들이 자신에 대해 어떻게 생각할지 걱정하는 일은 이제 떨쳐내라. 무엇이 더 쉬운가? 또는 더 가치 있는가? 무엇이 자신의 인생을 좀 더 설레게 할 수 있을까?

요즘 세상은 우리를 과부하시킨다. 우리는 너무나 많은 것들을 쫓아가야 한다. 수천 수백만 가지의 의사결정을 해야 되는데 이건 너무 심하다. 단지 몇 가지 결정만 한다면 인생이 얼마나 심플할까!

에이미 해리스^{Amy Harris}가 신랄하게 꼬집어 말했듯이 말이다. "수녀들은 굳이 〈보그^{vogue}〉 잡지 패션을 따라 할 필요가 없잖아요."

솔직히 말해서 우리는 너무 많은 일이나 사람들을 열성적으로 보살필 수 없다. 또 많은 사람들이나 문제의 이유에 한꺼번에 전념

할 수도 없는 노릇이다.

몇 가지의 큰 결정만 내리면 인생은 편해진다.

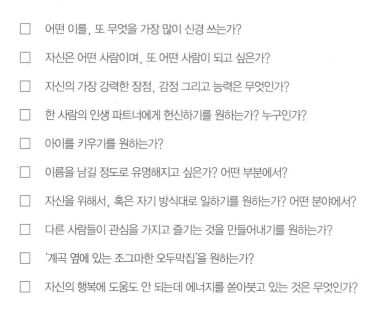

- ☐ 어떤 이를, 또 무엇을 가장 많이 신경 쓰는가?
- ☐ 자신은 어떤 사람이며, 또 어떤 사람이 되고 싶은가?
- ☐ 자신의 가장 강력한 장점, 감정 그리고 능력은 무엇인가?
- ☐ 한 사람의 인생 파트너에게 헌신하기를 원하는가? 누구인가?
- ☐ 아이를 키우기를 원하는가?
- ☐ 이름을 남길 정도로 유명해지고 싶은가? 어떤 부분에서?
- ☐ 자신을 위해서, 혹은 자기 방식대로 일하기를 원하는가? 어떤 분야에서?
- ☐ 다른 사람들이 관심을 가지고 즐기는 것을 만들어내기를 원하는가?
- ☐ '계곡 옆에 있는 조그마한 오두막집'을 원하는가?
- ☐ 자신의 행복에 도움도 안 되는데 에너지를 쏟아붓고 있는 것은 무엇인가?

다만 위의 질문에 대한 결정들은 삶에 필수적이므로 열외다. 이런 결정은 삶을 간소화시키고, 부차적인 것을 배제시켜 과도한 선택사항을 줄여준다. 이들은 에너지를 모을 수 있도록 도와준다. 무엇에다 에너지를 쏟고 있는가? 자신의 능력이 집중되어 있는가?

이런 류의 질문에 대답할 때 친구들이나 멘토에게 도움 청하기를 두려워하지 마라. 도움을 주는 사람들을 자문관 역할로 활용하라. 자신에게 최상이 되는 것을 알아내기 전에는 다른 이에게서 이런 도움을 받는 것은 필요하다.

스스로 할 수 있다고 믿든, 아니면 할 수 없다고 믿든, 당신의 믿음이 맞다.

의구심은 지우고 자신감과 능력을 끌어올리는 데 초점을 맞추라. 셰익스피어의 희극 〈자에는 자로Measure for measure〉에 쓰였던 구절을 살펴보자.

"의구심은 배반자다. 시도하는 게 무서워서
가질 수 있는 이로운 것들도 잃도록 만든다."

우리 모두에게는 엄청나고 충분히 발휘되지 못한 자산, 즉 잠재해 있는 정신과 감정이 있다. 잠재의식은 친근하면서도 진실된 개인용 컴퓨터 같다. 언제나 켜져 있고 늘 작동하고 있다.

잠재의식은 어려운 딜레마를 해결하고, 신박한 아이디어를 내놓으며 평화와 기쁨을 가져다준다. 개인용 컴퓨터처럼 잠재의식도 역시 적은 에너지와 비용으로 더 많은 것을 이뤄낸다.

얼마나 많은 시간 동안 개를 산책시키고 이를 닦거나 명상을 하고 또는 정원 의자에 그냥 앉아있거나 했던가. 그러다가 갑자기 "맞아! 유레카!"를 외친다. 깨어 있는 정신은 문제를 해결하지 못한다. 반면 잠재의식은 정확히 원하는 대답을 들려준다.

잠재의식은 선택적이라 우리가 어떤 문제를 깊이 생각한다면 이를 새겨놓는다. 유약하거나 혼란스러운 메시지를 내놓지도 않는다. 한 가지 문제에 집중하고 파고들 때 잠재의식은 최고로 효과적이다. 바로 적은 것이 많은 것이다.

집중과 개성이 행복을 가져다준다

행복은 결코 자신 밖에 있는 것이 아니다. 자신 안에 있다. 정신과 감정 그리고 스스로를 어떻게 생각하는지가 우리를 행복하게도, 불행하게도 만든다. 높은 자존감과 자부심을 가지면 행복하다.

자존감은 종종 약물이나 술, 감언이설 또는 자기 기만 등으로 일시적으로 높아질 수도 있다. 하지만 높은 자존감을 지키기 위한 믿을 만하면서 오래가는 방법은, 자기 자신의 최대 장점을 잘 보살피는 것이다. 긍정적이면서도 정확한 자기 이미지는 자신이 누구인지 또 왜 인생을 자신의 방식으로 살아가는지 등을 진솔하게 나타내는 개성에 바탕을 둔다. 소모를 통해서는 행복해지지 않는다. 행복은 자신이 가치 있다고 느끼는 일에 몸소 참여해야 비로소 얻어진다. 시작한 일을 잘 하고, 즐기며, 자신이 해낸 일에 자부심을 가지는 일이 행복에 밑거름이 된다. 이런 일련의 과정에는 발전과 개성이 요구된다.

자신에게 딱 맞는 분야에서 '유일한' 최고가 된다는 것은 두려워하기보다는 오히려 신나는 일이다. 최고가 되는 것이 비교적 쉬워지게 된다.

> "인생에는 흥미로운 것이 있다. 최고가 아닌 그 어떤 것도
> 받아들이기를 거부했을 때, 종종 최고를 얻게 된다."
>
> – 서머셋 몸Somerset Maugham –

창의적인 감정이 우리를 사로잡고 기분 좋게 한다. 이런 감정들은 주로 보살핌, 관심, 집중, 지속적인 꿈꾸기 등에서, 그리고 만들어내겠다는 열정적인 바람에서 나온다.

춤을 잘 추기 위해서, 사랑을 잘 하기 위해서, 아이들을 잘 키우기 위해서, 골프를 잘 치기 위해서, 요리를 잘 하기 위해서, 질문을 잘 하기 위해서, 영화를 잘 만들기 위해서, 이러한 영감 가득한 행동들이 우리를 행복하게 만든다. 개성과 집중은 우리를 행복하게 만들어준다.

집중과 발전을 위한 80/20 방법

여기에 인생의 어느 부분이라도 아주 극적인 발전을 이뤄줄 3단계 과정이 있다.

☐ 1단계 : 자신의 80/20 목적지에 초점을 맞추라 – 어디에 있기를 원하는
가?

☐ 2단계 : 80/20 루트를 찾으라 – 목적지로 가는 가장 쉬운 방법

☐ 3단계 : 80/20 행동을 취하라 - 첫 번째 핵심 단계

1단계 : 자신의 80/20 목적지에 초점을 맞추라

자신이 도착하고 싶은 지점과 머물고 싶은 지점이 목적지다. '목적
지'의 의미는 이렇다.

☐ 인생을 통한 자신의 목표, 꿈, 목적 – 내가 이루고 싶은 것

☐ 자신이 머물고 싶은 장소의 종류 – 내가 함께하고 싶은 사람들, 내가 되고
싶은 인물의 부류, 갖고 싶은 경험, 인생의 질

☐ 자신이 가장 마음을 쓰는 목적지 – 나에게 잘 어울리며 나를 잘 나타내주
는 인생

'적은 것이 더 많은 것이다'라는 집중의 법칙을 활용하면서, 자신
에게 최상이 되어줄 각별하고 개인적인 목적지에 대해 매우 신중
히 생각해볼 필요가 있다. 행복해지려면 우리는 자신만의 80/20 목
적지를 가져야 한다. 그 목적지란 대부분의 잡다한 목표들을 과감
히 없애고 자신에게 가장 중요한 목표의 세부조항을 정의하는 곳
이다. 80/20 목적지에 집중하기는 '적은 것이 많은 것이다'라는 수

수께끼를 자신만의 방식으로 푼다는 의미다. 자신을 가장 행복하게 해주는 핵심사항과 결과물은 무엇인가? 나머지 다른 모든 것들을 걱정하지 않고 자신이 반드시 집중하고 키워야 할 장점들은 무엇인가?

80/20 목적지는 모든 가능한 목적지 중에 매우 작은 부분에 불과하지만, 이것은 자신의 성향과 가장 깊숙한 곳에 자리 잡은 욕망의 중심에 있다.

진심으로 80/20 목적지에 집중한다면 적은 것으로 많은 것을 이뤄내는 일이 가능해진다. 만약 당신이 대단히 선별력 있고 자신에게 매우 중요한 몇 가지만을 알아낸다면, 당신의 인생은 많은 문제들을 걱정했던 예전보다 훨씬 더 목적과 의미를 지니게 될 것이다.

그래서 당신은 어떤 사람이, 또 무엇이 되고 싶은가? 이런 모든 억지스러운 행동과 역할에 관련된 모든 부담감을 벗어 던져버린다면 본연의 나는 누구인가? 내 최고의 20퍼센트는 무엇인가?

이 질문에 대답하기 좋은 방법은 자신의 20퍼센트 스파이크, 그래프에서 꺾여 올라가는 부분을 만드는 것이다. 케이프타운에서 레스토랑을 운영하고 있는 내 친구 스티브의 예를 보자.

스티브의 20퍼센트 특기와 관심의 스파이크는 - [도표5] 참조 - 오락, 접대, 록 음악, 비즈니스 시작하기, 가르치기, 이해하기, 사람들 그리고 언어 구사 능력 등이었다. 그래서 파격적이고 멋진 레스토랑을 시작하고 운영하는 건 그에게 딱 들어맞는 셈이었다.

[도표6]은 스티브의 20퍼센트의 감정적이고 개인적인 스파이크를 보여주고 있다. 영감을 주는 리더십, 팀워크, 신뢰를 주기, 그리고 인생에 대한 열정이다.

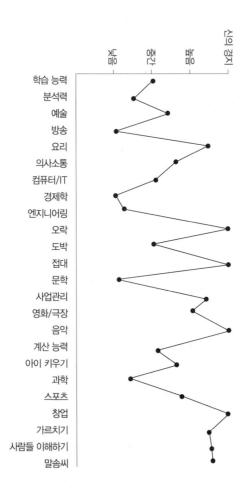

[도표5] 스티브의 특기와 관심 사항 – 20퍼센트의 스파이크

[도표7]과 [도표8]을 이용해 자신의 20퍼센트의 스파이크를 만들어보라. 각각의 항목에 해당된다고 생각되는 지점에 점을 찍어 그 점들을 이어보라.

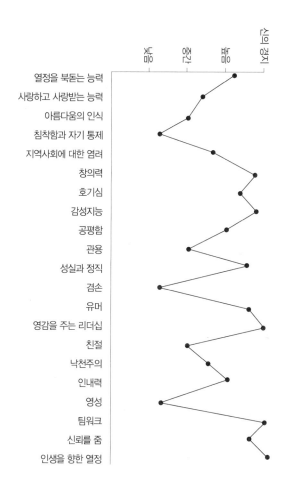

[도표6] 스티브의 감정과 성격 - 20퍼센트의 스파이크

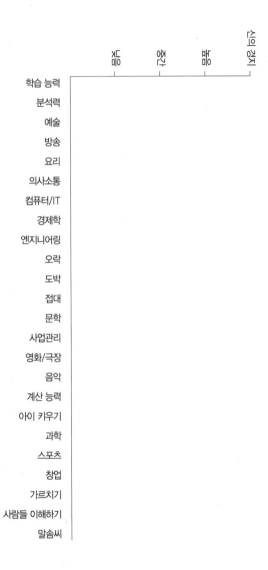

학습 능력
분석력
예술
방송
요리
의사소통
컴퓨터/IT
경제학
엔지니어링
오락
도박
접대
문학
사업관리
영화/극장
음악
계산 능력
아이 키우기
과학
스포츠
창업
가르치기
사람들 이해하기
말솜씨

낮음　중간　높음　신의 경지

[도표7] 나의 특기와 관심 사항 – 20퍼센트의 스파이크

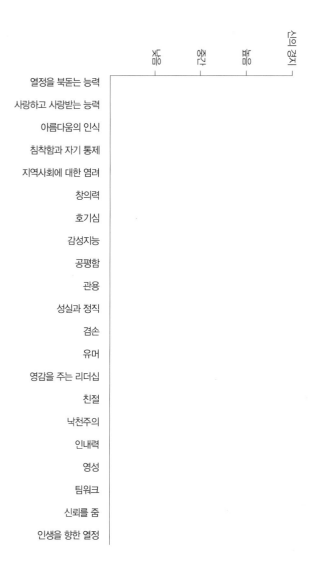

열정을 북돋는 능력

사랑하고 사랑받는 능력

아름다움의 인식

침착함과 자기 통제

지역사회에 대한 염려

창의력

호기심

감성지능

공평함

관용

성실과 정직

겸손

유머

영감을 주는 리더십

친절

낙천주의

인내력

영성

팀워크

신뢰를 줌

인생을 향한 열정

낮음

중간

높음

신의 경지

[도표8] 나의 감정과 성격 − 20퍼센트의 스파이크

"레스토랑 업계에서 내 이름을 남기고 싶네." 스티브가 운을 뗐다. "단지 이곳 케이프타운이나 남아공에서만이 아니라 세계적으로 말일세. 나는 트레이시와 결혼해서 아이들과 가족을 위한 삶을 살고 있지. 아이들이 사랑을 듬뿍 받으며 행복하게 자라는 걸 보고 싶네. 그 외에도 새로운 레스토랑을 짓고 사람들을 이끌고 교육시켜서 그들이 자신의 분야에서 최고가 되기를 바라네. 레스토랑을 최고로 만들기 위해 여전히 배우고 있고 앞으로도 그렇게 할 걸세."

나는 물어봤다. "자네가 진심으로 신경 쓰는 다른 일은 없나?"

"없어." 그가 답했다.

스티브는 자신의 80/20의 목적지를 정확히 알고 있다.

당신은 어떠한가? 자신이 되고 싶고 하고 싶은 것을 진정 중요한 것들로 선별해서 가려낼 수 있는가? 그렇게 할 수 있다면 적은 것으로 많이 이뤄낼 수 있다.

아래에 자신의 목적지를 완성해보라.

나의 80/20 목적지는 :

체크사항 :

☐ 80/20 목적지가 자신이 진정으로 원하고 관심을 가지는 바를 반영하는

가?

☐ 자신의 개성이 있는 그대로 드러나는가? 자신만의 독특한 것인가?

☐ 본인 최고의 재능과 감정을 지지해주는가?

☐ 자신에게 집중하는가? 다른 일에 에너지를 헛되게 낭비하지 않도록 할 것

인가? 현재 자신의 에너지의 엄청난 양을 잡아먹고 있는 많은 목표들을 제

외시킬 것인가?

☐ 항상 기억할 수 있을 만큼 짧은가?

☐ 이것이 자신을 신나게 하는가? 자신이 꿈에 그리던 삶인가?

하지만 가장 중요한 것은 이것이다.

☐ 이것들이 자신에게 '적은 것이 더 많은 것이다'라는 것을 증명할 것인가?

2단계 : 80/20 루트 찾기

80/20 목적지에 이르는 최상이자 가장 쉬운 방법은 무엇일까? 자신
이 원하는 바를 안다면 전체적으로 일을 적게 하면서 인생에서 어
떻게 큰 발전을 이룰 수 있을까?

☐ 목적지에 이르는 많은 방법들이 늘 존재한다.

☐ 대부분의 루트들은 몇몇 루트에 비해 몹시 초라하다. 우리가 선택한 80/20 루트는 다른 루트와 비교해 훨씬 쉽고 더 생산적이다.

☐ 언제나 품위 있으면서도 상대적으로 수월한, 말하자면 에너지, 시간, 돈, 또는 고민거리 등을 덜 들이고 자신이 원하는 것을 더 많이 이뤄낼 수 있는 루트가 있게 마련이다. 자신이 해야 할 일은 그 루트를 찾아내는 것이다.

☐ 아마도 누군가는 그 방법을 이미 찾아냈을 수도 있고 아니면 아주 비슷하게 근접했을 수도 있다. 본인의 80/20 목적지와 비슷하지만 목표에 도달해서 굉장히 성공한 사람은 누구인가? 그들이 어떻게 성공할 수 있었나?

☐ 뜻을 같이하는 사람들로부터 도움을 받으면 목적지로 가는 루트가 더 쉬워진다. 마치 차를 얻어 타는 히치하이킹처럼 말이다.

하지만 자신이 계획하는 80/20 루트가 어떨지 가늠하는 척도는 아래와 같아야 한다.

☐ 루트가 더 적은 것으로 많은 것을 이뤄낼 수 있는가? 이 루트가 더 나은 해결점을 제시할 뿐만 아니라 다른 루트에 비해 더 쉬운가? 이 루트가 더 낫거나 쉽지 않다면 인생을 큰 발전으로 이끌지는 못한다.

이제 단순하고 평범한 지하철 노선도를 상상하면서 당신은 지금 런던에 있는 패딩턴 역으로 가야 한다고 가정해보자. 당신의 거주지는 런던 동부에 위치해 있고, 지하철 역과도 가깝다. 걷는 걸 좋아하지만 도착 장소까지는 대략 6마일이나 떨어져 있고 또 빨리 도착해야 해서 걸어가는 건 불가능하다. 지하철 노선도를 보면 집 근처 역에서 곧바로 센트럴라인을 타고 노팅힐게이트 역에서 패딩턴 역이 있는 써클라인으로 갈아타면 된다.

하지만 그 대신에 더 빠르고 더 나은 방법인 80/20 루트를 사용해서 간다면 어떨까? 이렇게 해보면 된다. 노팅힐 역보다 두 정거장 전인 랑카스터게이트 역에서 내려서 패딩턴 역까지 5분도 안 되는 거리를 천천히 걸어가면 된다. 종합해보면 지하철로 4정거장이나 덜 가도 되고, 다른 라인으로 갈아타고 기차를 기다리는 수고 또한 덜 수 있다. 이러듯 80/20 루트는 더 쉽고 더 즐겁고 또 더 빠르기까지 하다. 적은 것으로 더 많이 이룰 수 있는 것이다.

다른 경우를 상상해보자. 당신은 해안가에 위치해 있는 산 페드로에서 자동차로 3시간이나 달려야 하는 스페인 남부의 세빌랴로 서둘러 가려 한다. 당신은 늘 긴장하는 운전자이고 길도 잘 헤맨다. 세빌랴로 가는 도로는 론다까지 30마일이나 되는 구불구불하게 굽은 산길을 통과해서 간 후, 방향을 여러 번 바꿔야 해서 따라가기 무척 힘들다. 이 길 외에는 세빌랴로 가는 더 짧고, 바로 가는 길은 없다. 당신이 침울하게 차의 시동을 걸고 있다.

그렇다면 이번엔 80/20 방법을 따라 해보는 건 어떤가? 그러려면 적은 것으로 많은 것을 이루는 해결책을 가져야 하는데, 즉 쉬워야 하고 또 시간도 적게 걸려야 한다. 설령 이 방법이 당신의 소중한 시간을 몇 분을 더 쓴다 하더라도 지도를 꼼꼼히 살펴본 다음, 고속도로 안내데스크의 직원에게 도움을 요청한다. 그녀는 톨게이트 비용을 조금 지불하면 말라가까지 고속도로를 이용해 갈 수 있고, 그런 다음 또 다른 고속도로로 세빌랴까지 갈 수 있다고 말해준다. "얼마나 걸릴까요?"라는 질문에 그녀는 빨리 운전한다면 두 시간 정도라고 대답한다. 알아보기 쉽게 잘 표시되어 있냐는 물음에 초보 운전자도 길을 잃지 않는다며 웃는다.

곧 당신은 그녀의 말이 맞다는 걸 확인할 수 있다. 고속도로는 확실하게 표시되어 있고 도로는 거의 텅 비어 있다. 스페인 사람들이 톨게이트 비 내는 걸 싫어해 이 도로를 거의 이용하지 않기 때문이다.

생각해볼 약간의 여분의 시간을 들여서 훨씬 더 쉬울 뿐 아니라 더 빠른 길을 알아냈다. 이것이 바로 적은 것으로 더 많은 것을 이뤄내기다.

그렇다 하더라도 루트를 결정하기 전에 자신의 목적에 대해 확실히 해야 된다. 세빌랴로 가는 예를 보면 당신에게 여유 시간이 많다면 최고의 루트는 달라졌을 것이다. 험난한 도로 운전을 즐기며 아름다운 경치 감상에 더 우선순위를 두었다면, 론다로 거쳐 가는 산길을 선택했을 수도 있다. 짧은 거리와 비용으로 본인이 재밌어하는 일과 멋진 풍경을 감상할 수 있는 이 루트가 당신에게는 적은 것으로 더 많은 것을 제공하는 루트가 되기 때문이다.

'목적지'가 세빌랴라는 장소뿐만 아니라 그곳에 도달하는 과정의 즐거움이 되기도 한다. 이는 인생을 완전체로 사는 대표적인 방식이다. 자신이 무엇을 성취하고 싶은지 아니면 원하지 않는지를 인지하는 것이 중요하다. 또 이와 마찬가지로 어떻게 살고 싶은지, 어떤 방식으로는 살고 싶지 않은지, 어떤 사람이 되기를 원하는지 또 어떤 사람은 되고 싶지 않은지 등을 아는 것 역시 중요하다.

물론 위에 소개한 여행에 관한 예는 아주 사소하지만, 이는 위의 보기가 80/20 루트의 간결함과 기억하기 쉬운 예시로 나타내기 위해서이지 더 나은 여행 계획이 있다는 걸 의미하거나 또는 누구의 여행 경로가 조바심 나기에 충분하다는 것을 보여주기 위한 것이 아니다. 하지만 자신의 핵심인 80/20 목적지에 도달하기 위해서는 더 낫고 더 쉬운 루트를 찾는 효율적인 사고를 해야 한다. 그래야만 적은 것으로 더 많이 이뤄낼 수 있다. 이것은 분명 자기만의 최고의 20퍼센트 루트를 찾는 일이다. 그렇다면 어떻게 할 것인가?

다시 스티브의 경우를 보자. 그는 자신만의 80/20 루트를 찾았을까?

"시작했네." 그가 애기를 꺼냈다. "해외에서 후원자를 찾았고, 2년 전에 이 레스토랑을 열었지. 작년에 케이프타운 레스토랑 경쟁 부문에서 1등을 했는데, 모두들 이곳을 멋진 장소로 꼽았지. 하지만 나는 앞으로 남아공에서 이 레스토랑을 체인점으로 만들고 싶네. 그러고는 다른 나라에도 진출하는 거지. 첫 번째 단계로는 요하네스버그에 레스토랑을 오픈하는 건데, 그러려면 새로운 후원자를 찾아야 했는데 그 일은 거의 마무리 되어가네. 그러기 위해선 내 아이디어가 요하네스버그에서도 통한다는 걸 증명해 보여야겠지."

나는 물었다. "자네의 루트에 다른 중요한 점은 없나?"

"한 가지 있기는 한데……." 그는 말했다. "미국이나 유럽, 호주 등에서 멘토가 필요하네. 내가 하는 일을 더 잘 하기 위해서는 나를 이끌어주고 자극시켜줄 수 있는 나보다 더 성공한 사업가의 도움이 필요하지. 아직 그러질 못해서 올해의 핵심목표는 그 멘토를 찾는 거라네."

당신 최고의 20퍼센트로 가는 80/20 루트는 무엇인가?

가능한 루트야 매우 많지만 80/20 루트야 말로 최상이고, 빠르며, 가장 재미있고, 걱정도 하지 않으면서 최소한의 노력만으로도 자신을 목적지에 데려다주는 방법이다. 하지만 이는 문제점일 수도 있는데 우리가 이 방법을 지금 당장 따라 하지 않거나, 또는 그 자리에서 생각해내기가 쉽지 않은 방법이기도 하다는 것이다.

왜 그럴까? 그 이유는 80/20 법칙처럼 80/20 방법 역시 본인의 직접적인 판단에는 어긋나는 '반(反)직관적'이라는 데 있다. 이 해결책이 더 좋은 결과를 이끌어내는 이유는, 우리가 전체적인 상황을 판단할 때 자신의 경험에 100퍼센트 의존하는 데 길들여져 있어 올바른 해답이 즉시 눈에 보이지 않을 때, 이 80/20 루트가 자신의 직관적인 판단에만 의존하는 것보다 좀 더 합리적인 결과를 도출할 수 있도록 도와주기 때문이다. 자신의 뜻대로만 하게 된다면 지금까지 해왔던 방법대로 많은 것으로 더 많이 얻어내려고 할 것이다. 하지만 핵심은 적은 것으로 많은 것을 이뤄내는 루트를 만드는 데 있다.

그러려면 자신의 최고 20퍼센트에 이를 수 있는 80/20 루트를 찾기 위해서 다음과 같이 좀 별난 질문을 던져봐야 한다.

- [ ] 평상시 자신이 추구하는 80/20 목적지에 이르는 루트는 무엇인가? 이는 해답이 아니다. 오히려 자신이 결정해온 루트는 가능한 80/20 루트에 역행하는 것이다. 지금까지 자신의 습관적인 해결책보다 훨씬 더 나은 해답을 생각해내지 못한다면, 아직까지 자신의 80/20 루트는 없는 것이다.

- [ ] 바로 지금 물으라. 적은 것으로 많은 것을 이뤄내기라는 다소 비합리적으로 보이는 요구를 통해 자신의 습관적인 해결책을 어떻게 발전시킬 것인가?

- [ ] 발전을 두 가지 부분으로 나누라. 첫 번째는 어떻게 적은 것으로 많은 것을 이룰 것인가? 자신에게 무엇이 더 나은 방법인가? 자신이 즐기는 것은 무엇이고, 또 자신의 80/20 목적지에 좀 더 빨리 데려다줄 수 있는 것은 무엇인가? 모든 가능한 루트를 브레인스토밍하듯 생각해보라. 아이디어가 부족하면 친구나 혹은 세 사람으로부터 도움을 청하라. 늘 타인의 문제를 해결해주기가 훨씬 수월한 법이다.

☐ 두 번째는 자신만의 루트를 어떻게 더 쉽게 만들 것인가를 질문하라. 그리고 역시 무수한 아이디어를 떠올려보라.

☐ 그런 다음 확실히 효과가 있을 만한, 적은 것으로 많은 것을 이뤄낼 수 있는 방법이 떠오르면, 그것들을 한데 모으라. 이 방법이 통할지 확신이 들지 않아도 여전히 시도해볼 만하다. 만약에 실패한다면 자신의 두 번째 루트로 옮겨가면 된다. 물론 그 방법 역시 적은 것으로 많은 것을 이뤄낼 수 있는 방법이어야 한다.

해결점을 찾는 데 어려움이 있다면, 자신의 최고 20퍼센트 스파이크를 다시 살펴보라. 자신이 가장 잘할 수 있고 자연스러운 일들이 적은 것으로 많은 것을 이뤄낼 수 있는 최상의 방법을 알려줄 것이다.

● 사례

나의 80/20 루트

젊은 시절 나의 80/20 목적지는 성공해서 높은 보수를 받는 경영 컨설턴트가 되는 것이었다. 첫 번째로 선택한 루트는 전도유망하고 최고의 성과를 내고 있던 미국 기업 '보스턴컨설팅그룹(BCG)'이었다. 안타깝게도(나중에는 다행이었지만) 내 고객들은 날 좋아했지만 내 보스는 그렇지 않았다. 나는 해고당하기 전에 퇴사를 결심했다.

두 번째 루트로 나는 BCG의 계열사인 '배인 앤 컴퍼니(Bain &

Company)'를 선택했다. 첫 번째 경험의 실패로 자존심에 엄청난 상처를 입었던 나는 실패하게 만든 내 행동을 고치기로 결심했다. 나태한 스타일, 자유로운 영혼, 불손한 행동 그리고 경솔해 보인다는 평판 등을 말이다. 무척 열심히 일에 매달렸고, 보스에게 아첨하고, 동시에 나의 책임감 있고 신중한 기질을 내세웠다. 나는 다시 실패하고 싶지 않았고, 나에 대한 BCG 사람들의 판단이 잘못됐다는 걸 증명해 보이고 싶었다.

하지만 그게 옳은 일이었을까? 그렇기도 하고 그렇지 않기도 하다. 배인을 선택한 건 좋은 결정이었다. 회사는 훌륭한 비즈니스 정책을 가지고 있었고, 특히 조직의 상위 그룹에 초점을 맞춘 비즈니스 전략은 매우 성공적이라 모기업인 BCG보다 빠른 성장세를 보이고 있었다. 인재층이 얇은 탓에 승진도 빨라서 단숨에 '주니어 파트너' 위치까지 오르게 되었다. 나는 내 반항적인 기질을 억누르면서 회사에 충성하고 팀에 헌신하는 이미지를 쌓아갔다.

나는 80/20 목적지를 향해 순항하고 있었지만, 어느 날 나는 '내가 지금 무얼 하고 있지?'라고 생각했다. '내가 진정으로 80/20 루트를 따라가고 있는 걸까?'

그렇지 않았다. 나는 배인이라는 마스크를 쓴 채로 많은 걸 쥐고, 더 많은 걸 얻으려고 하고 있었다. 더 성공하고 더 흥미로운 일을 하고 더 많은 책임감에 더 많은 돈 등. 물론 좋았다. 하지만 내가 흥정을 하면 할수록 나는 더 많은 것을 해내야 했다. 더 강도 높은 일,

더 많은 시간 투자, 회사와 일에 더 많은 헌신, 더 정치적인 생활, 더 많은 근심걱정, 상사의 비위 맞추기와 더 많은 지루한 해외 출장 등을 떠안아야 했다. 적은 것으로 많은 것을 이뤄내기를 믿는 사람이라면 이런 행동은 결코 그 의미에 부합되지 않는다는 걸 알 수 있다.

내 20퍼센트의 스파이크는 무슨 소용이 있나? 내가 지금 잘 행동하고 있는 걸까? 맙소사 절대 아니다! 내 특기는 아이디어를 내고 즉각적인 통찰력을 발휘해서 재능을 알아보고 고객들에게 돈을 많이 벌려면 뭘 할지를 알려주는 것이다. 반면 장시간 힘든 일을 하거나(나는 단거리 선수지 장거리 선수가 못 된다), 진중하고 심각해 보이거나, 정치적이면서 다른 사람들을 관리해야 되는 난해한 비즈니스 등에는 영 서툴다. 그렇다면 배인이 나에게 맞는 곳이었을까? 그렇지 못했다. 나는 엄격하지도 그리 충성스럽지도 못했다. 배인 사람처럼 보이려고 나를 짓누르고 있었던 걸까? 바로 그랬다.

첫 번째로 든 생각은 나에게는 충분한 돈이 있으니 좀 더 쉬운 인생을 살아야 하고, 그러려면 지금의 경영 컨설팅으로부터 벗어나야 한다는 것이었다. 그것이 바로 적은 것으로 적게 이루는 방법이었다. 적은 일, 적은 부담감과 스트레스, 물론 더 적은 돈과 덜 흥미로운 일은 감수해야 했다. 여전히 나는 내 80/20 목적지에는 도달하지 못했지만, 내가 꼭 닿을 수 있다는 걸 밝히고 싶었다. 더 나아가 적은 것으로 더 많은 것을 이뤄낸다는 신념을 공언하고 싶었다.

그래서 내가 적은 것으로 많은 것을 이뤄내기 위해 어떤 시도를 했을까? 내가 원했던 건 무엇이었을까? 내가 원했던 것은 더 적은 불안감, 더 적은 순응, 더 적은 기질의 억압, 더 적은 출장, 더 적은 강도 높은 일, 더 적은 행정상의 임무, 그리고 더 적은 상사(아예 없는 편이 가장 좋기는 하지만) 등이었다. 반면 나는 고객과 더 흥미로운 일, 더 독립적인 생활, 더 많은 시간을 가족과 친구들과 보내기를 바랐고, 같이 일할 동료를 내가 선택할 자유, 그리고 솔직히 더 많은 돈도 원했다.

내 요구를 표현하는 것이 해답이 되었다. 내가 무엇을 더 원하고 덜 원하는지를 내뱉자 80/20 루트는 굉장히 분명해졌다. 적은 것으로 많은 것을 이루는 길은 정확히 내가 원하는 것인 내 사업을 시작하는 것이었다. 그럼에도 불구하고 그건 그리 그럴싸해 보이지 않았다. 그도 그럴 것이 나는 내가 만든 회사 '코치 앤 코^{Koch & Co}'의 행정적인 절차에 따른 책임을 지는 게 부담스러웠고, 더구나 걸출하게 완성된 기업의 형태로 설립하기가 힘들다는 걸 깨달았기 때문이다. 그래서 찾아낸 나에게 안성맞춤인 80/20 루트는, 20퍼센트의 스파이크가 나의 것과 서로 보완되는 다른 두 명의 파트너와 함께 기업의 공동 설립자가 되는 것이었다.

자신의 장점과 부합된다면 가장 야심적인 목적지와 루트마저도 쉽게 이뤄진다고 단언할 수 있다. 배인 앤 컴퍼니에서 일하는 동안 나는 나의 단점을 고치는 데 성공했지만, 그건 단지 큰 결함을 감추는 것에 불과했다. 자신의 결점을 고치는 것으로는 그냥 평범해질 뿐이다. 하지만 최상의 20퍼센트 스파이크인 자신의 장점을 최대한 연마하고, 자기 자신에 충실하며, 적은 것으로 많은 것을 이루려고 노력하다 보면 마음만 먹으면 무엇이든 할 수 있다.

3단계 : 80/20 행동 취하기

80/20 행동은 무엇이며 인생에서 자신이 하는 행동들과는 어떻게 다른가? 아래의 다른 세 가지를 살펴보자.

- ☐ 80/20 행동은 자신의 유일한 80/20 목적지와 80/20 루트에 의해 결정된다.
- ☐ 80/20 행동은 '적은 것이 많은 것이다'라는 명제 아래, 자신에게 가장 큰 행복과 보람을 안겨줄 수 있는 몇 가지 검증된 행동들에 초점을 맞춘다.
- ☐ 80/20 행동은 적은 것으로 많은 것을 이뤄내는, 전체적으로는 적은 행위와 전체적으로 더 많아진 결과물과 관련된다.

사례 이어서 계속.

나의 80/20 목적지(성공한 경영 컨설턴트)와 나의 80/20 루트(두 명의 파트너와 새로운 회사를 설립)가 결정되자 80/20 행동은 분명해졌다. 오직 두 가지 행동만 필요했다. 파트너를 찾고 사업을 시작하는 것이었다. 결심이 서자 매일 일어나는 모든 행위들은 사소한 것이 되었고, 파트너를 찾고 회사를 세우는 일이 매우 중요한 일이 되었다. 이 두 행동을 어떻게 취할지 뚜렷이 알지는 못했지만 나에게 가장 중요한 사안이 되었다.

그러던 중 기묘한 일이 일어났다. 결심을 하고 2개월이 지났어도 여전히 80/20 행동을 취하지 못했다. 회사를 세우는 일에 어떤 동료와 함께할지 결정하지 못했고, 순간의 잘못된 선택으로 직업을 잃을 위험도 감수해야 했다. 뜻밖의 기회가 찾아왔다. 나는 동료이자 친구인 이안 피셔에게 현재 진행 중인 프로젝트를 논의하고자 전화를 걸었는데, 전화 말미에 그가 수상쩍은 말을 남겼다.

"짐과 이언(다른 두 명의 주니어 파트너)에게 뭔가 심상찮은 일이 벌어지고 있는 거 같네. 아직 확실히 뭐라고 얘기할 수는 없지만, 그 둘이 배인 앤 컴퍼니 본사가 있는 보스턴으로 갑자기 출장을 갔다왔네."

"무슨 일인가? 이안."

"지금으로선 자네에게 말해줄 수 없네. 하지만 굉장히 이상하고 아주 안 좋은 일임은 분명하네."

"나에게 말해줄 수 없다니 무슨 뜻인가? 우린 친한 동료이지 않은가? 그리고 엄밀히 말해서 난 자네의 상사네."

"빌 배인이 입단속을 단단히 시켰다네."

나는 어림짐작으로 물었다. "그들이 회사를 떠나는구만!"

침묵이 이어졌다. 오랜 기다림 끝에 이안이 입을 열었다. "자네가 말한 거네. 난 아니야."

짐 로렌스의 전화 신호음은 계속 울렸고, 이언 에반스의 전화기는 꺼져 있었다. 나는 자전거로 템즈 강 뱃길로를 따라 그가 살고 있는 큐(영국 런던의 서남부 지역)로 갔다. 빌 배인을 대면한 후 충격에 휩싸여 어쩔 줄 몰라하고 있는 그들이 같이 은신하고 있는 걸 발견했다. 그들이 새로운 사업을 시작하는 데 동참했을까? 그렇다. 그래서 내가 그들의 파트너가 되었을까? 그 또한 맞다!

80/20 행동을 취하기 위한 기회가 왔다. 그렇지 않은가?

파울로 코엘료Paulo Chelho의 소설 《연금술사The Alchemist》에 나온 경이로운 문장을 보자.

진정으로 원하는 것은 온 우주가 나서서 이뤄지도록 도와준다.

자신의 80/20 목적지와 루트를 확실히 설정하면 기회가 자신이 세운 계획에 힘을 실어주어 옳은 방향으로 가도록 돕는다고 나는 믿는다. 그러나 핵심은 스스로 자신의 운명을 알아차릴 때라는 것이다.

만약 내가 80/20 목적지와 80/20 루트를 알지 못했다면 나는 이안 피셔가 말해주는 암호 같은 말을 알아내려고 압박을 가하지도 않았을 테고, 무슨 일이 일어나는지 생각도 못 했을 것이며, 또 충동적으로 자전거에 올라타(자전거로 가기에 장거리였고, 심지어 그날 아침엔 다른 계획이 있었다) 짐과 이언에게 달려가지도 않았을 것이다. 행동을 취해야 하지만 자신에게 맞는 것을 알고 있다면 행동은 훨씬 더 수월해진다.

행동을 하기 위해 늘 먼저 계획할 필요는 없다. 그러나 욕망은 미리 계획해야 한다. 다가오는 기회를 받아들이고 그 기회를 올바르게 이해하고 활용하는 것도 80/20 방법의 일부분이다.

궁극적으로 80/20 행동을 취하지 않는다면, 자신의 삶에 아무런 변화 역시 일어나지 않을 것이다. 그러나 행동을 올바르게 한다면 노력에 비해 행복을 배가시킬 수 있다.

남들은 할 수 없는 자신의 다른 점을 극대화시켜라. 자신의 최대 장점에 집중하라. 그것이 바로 적은 것으로 더 많은 것을 이루게 되는 것이다. 자신의 삶을 변화시킬 루트를 찾아내라. 그럼으로써 적은 걱정과 노력으로도 더 많은 결과를 얻어낼 수 있다. 그리고 나서 행동하라. 온 우주가 나서서 도와주려는 행운을 놓치지 마라. 자기 자신의 특별한 부분을 발견하고 선택해서 잘 활용한다면, 당신은 독보적이고 소중하며 그리고 매우 행복해질 것이다.

Chapter 5

일과 성공 즐기기

**"힘든 일이 누군가를 죽이지는 않지만,
왜 위험을 감수하면서까지 해봐야 되나?"**
― 로널드 레이건Ronald Raegan ―

우디 앨런Woody Allen의 영화 〈카이로의 붉은 장미The Purple Rose of Cairo〉를 본 적이 있는가? 영화에서 미아 패로우는 관객석에서 그녀가 가장 좋아하는 영화를 보고 있다. 그런데 영화에서 매번 반복하던 대사가 지겨워진 극중 배우 제프 데이비스는 갑자기 스크린에서 영화관으로 뛰쳐 나와 미아 패로우를 낚아채서 그녀와 진한 사랑에 빠진다.

나는 여기에 성공의 비결이 있다고 생각한다. 미아 패로우를 잡으라는 의미가 아니고, 평범한 인생과 가능할 수도 있는 인생을 바꿔치기할 수 있는 능력을 말하는 것이다. 아이디어나 환상 또는 열정을 가지고 거기에 맞게 행동을 취하는 것을 뜻한다. 늘 모든 일이

다른 사람들이 예측 가능한 뻔한 얘기로 흘러가는 의무감 같은 삶에서 벗어나 자신만의 상상으로 만들어진 인생을 향해 걸어 들어가는 것이다. 힘든 일 따위는 잊어버리고 인간의 가장 훌륭한 능력을 이용해서 원래 세상 그 자체와 우리 마음속에 있는 세상 사이를 옮겨 다니는 것이다. 즉 생각하고, 상상해보고, 만들어보고, 그리고 즐기라는 말이다.

물론 다른 동물 역시 열심히 일할 수 있지만, 오직 인간만이 깊이 생각할 수 있다. 동물들은 진화하도록 설정되어 있고 인간 또한 그렇지만, 우리는 이 설정을 바꾸어서 현실을 자신이 더 선호하는 쪽으로 변화시킬 수 있다. 현대 문명의 전체적인 구조인 고된 일, 육체적인 힘, 반복 재생 또는 장시간의 일에 의해서가 아니라 통찰력, 영감, 창의성, 독창성 그리고 진취성 등에 의해서 말이다. 우리가 지금 살고 있는 세상에서 마음속으로 꿈꾸는 세상을 오가며, 꿈꾸는 세상이 실제 현실에서 이루어지게 하는 것이다.

인류 전체에 참인 것은 개인에게도 참이 될 수 있다. 가장 성공한 사람들은 땀과 눈물이 아니라 아이디어와 열정으로 세상을 변화시킨다. 직장에서 고된 일을 하며 보내는 시간보다는 자신만의 독창성과 창의성을 발휘할 수 있는 다른 시각, 그리고 번득이는 아이디어가 더 중요하다. 성공은 생각에서 시작해, 그 생각에 따라 행동하는 데에서 이루어진다.

그러므로, 항상 열심히 일해야 하고 성공하려면 불미스러운 일도 감수해야 한다고 믿고 있다면 다시 생각하라. 대학 중퇴자이자 마이크로소프트 창업자인 빌 게이츠가 힘든 노동을 통해 전세계에서 가장 큰 부자가 되었다고 생각하는가? 엄청난 투자자이자 세계 최고 부호 중 한 명인 워런 버핏이 힘들게 일했나? 언론계의 거물 오프라 윈프리Oprah Winfrey나 루퍼트 머독Rupert Mudoch은 어떠한가? 도대체 그들은 뭐가 다른가? 고군분투하겠다는 다짐인가 아니면 멋진 새 아이디어인가?

그렇다면 존 F. 케네디John F. Kennedy, 윈스턴 처칠Winstern Churchill, 앨버트 아인슈타인, 찰스 다윈Charles Darwin, 윌리엄 셰익스피어William Shakespeare, 크리스토퍼 콜럼버스Christopher Columbus는 어떠했나?

이런 대가들은 단지 책상에만 매달려 있지 않았다. 그들이 한 일은 현재 자신에게 벌어지는 부차적이면서도 힘든 일에 시간을 낭비하는 게 아니라 자신의 창의력과 리더십이 발휘되는 매우 중요한 몇 가지 문제에만 에너지의 대부분을 쏟았다.

성공하는 데는 힘든 방법과 쉬운 방법이 있다. 힘든 방법은 오랜 시간 동안 열심히 공부하고 몇 십 년 동안 일주일에 60시간 이상 꾸준히 일하며 자신이 남들에게 보여지는 이미지에 엄청 신경 쓰면서 조직 피라미드에 매달려 꾸역꾸역 올라가면 된다. 지금 하고 있는 기분 좋은 희생은 미래에는 훨씬 더 행복해질 거라는 희망이 된다. 엄청난 일을 시도해서 엄청난 비용을 지불하면 엄청난 결과를 얻을 수 있다는 희망이다.

대신에 80/20 방법은 쉽다. 어느 누구나 할 수 있다. 제대로 교육을 받을 기회가 없었거나 대단한 커리어를 갖지 못한 이들도 가능하다.

발상을 대전환하면 된다. 즉 보상과 노력을 분리시켜라. 자신이 원하는 결과물에 초점을 맞추고, 가장 적은 노력과 가장 적은 희생, 그리고 가장 큰 기쁨으로 그것을 얻는 가장 쉬운 방법을 찾는 데 집중하라. 엄청난 노력을 들이지 않고도 엄청난 결과가 나오는 것에 전심전력하라. 효율적이되 편안해져라. 먼저 결과를 염두에 두라. 그런 다음 최소한의 노력만으로 그 결과물을 얻으라.

☐ 업무와 노력 그리고 재원의 20퍼센트가 성과의 80퍼센트 이상을 가져다

준다. 고작 20퍼센트의 노력으로 80퍼센트의 결과물을 가져다주는 것은

무엇인가? 또는 100퍼센트의 노력을 들여서 4배나 되는 400퍼센트의 성

과를 가져다주는 것은? 기대 이상의 대단한 결과를 얻어내는 평범한 방법

은 무엇일까?

☐ 사람들의 80퍼센트가 고작 결과물의 20퍼센트를 얻으려고 애쓴다. 20퍼

센트도 안 되는 사람들이 좋은 것들의 80퍼센트를 독식한다. 당신의 분야

에서는 누가 그런 사람들인가? 그들은 어떻게 다르게 행동하는가?

☐ 다른 사람들이 하는 자신에 대한 평가의 80퍼센트는 자신이 하는 행동의

20퍼센트도 채 되지 않는다. 그렇다면 그런 몇 안 되는 필수적인 행동들

은 무엇일까?

☐ 성공의 80퍼센트는 자신의 특기와 지식의 20퍼센트에서 기인한다. 자신이 남들보다 더 잘할 수 있는 자신만의 장점은 무엇인가?

☐ 자신이 제대로 파악하고 있는 상황의 20퍼센트 정도에서만 이뤄낸 성과의 80퍼센트가 창출된다. 자신이 특정한 시간에 특정한 방법으로 특정한 사람들과 있을 때 빛을 발한다면 그때가 언제이고 그 장소는 어디이며 왜 그런 걸까?

☐ 자신이 원하는 것의 80퍼센트는 자신이 취하고 있는 태도나 방법의 20퍼센트에서 나온다. 에너지 소모에 대비해 어떤 행동이 결과물을 가져다주는가?

☐ 시도해본 일 중에 현저히 뛰어난 방법이 있다면, 예컨대 평소 하는 노력의 20퍼센트 만큼만 들여서 성과의 80퍼센트를 만들어낸 루트를 알아낸다면 예전에 했던 방법보다 4배의 효과가 있는 방법을 찾아낼 때까지 시도해보라.

똑똑하고 게으른 사람 되기

독일군 총사령관인 에리히 폰 만슈타인Erich von Manstein이 한 말이다.

"세상에는 네 부류의 장교들이 있다. 첫 번째로는 게으르고 멍청한 부류로, 그들은 그냥 가만히 내버려둬도 그리 폐를 끼치지는 않는다. 두 번째는 열심히 일하고 영리한 부류다. 그들은 모든 세부사

항도 꼼꼼히 챙기는 훌륭한 장교로서의 자질이 충분하다. 세 번째는 열심히 하지만 멍청한 부류다. 그런 부류는 골칫거리로, 즉시 해고해야 한다. 그들은 쓸데없는 일만 만들고 다닌다. 마지막으로 똑똑하고 게으른 부류다. 그들이야말로 최고의 장교가 되기에 가장 적합하다."

똑똑한 나태함을 길러라. 자신에게 똑똑함이 부족한가 아니면 나태함이 부족한가?

스스로 생각하기에 자신이 그리 똑똑하지 못하다면 - 그렇게 생각하는 이상 나중에는 매우 영리해지겠지만 - 적당한 노력을 들여 굉장한 결과를 끌어낼 수 있는 세밀한 분야를 파고들어 그 분야의 전문지식을 공부하고 전문가가 되면 된다.

만약에 자신이 똑똑하기는 한데 게으르지 않다면 나태해지는 법을 연구하라. 단순히 자신이 할 수 있기 때문에 모든 일을 해내는 건 효율성을 떨어뜨린다. 성과를 얻을 수 있는 아주 중요한 일에만 힘을 쏟아라. 즉 이득을 가져다주는 오직 몇 가지 일만 하라는 의미다.

얼마나 자주 사람들이 이런 충고에 의문을 제기하는지 놀라울 따름이다. 전형적인 대화는 주로 이렇다.

친구 : "더 게으름을 피우라는 자네의 말은 분명 농담이겠지?"

나 : "난 진심인데. 내가 모든 일을 해내려고 한다면 나는 집중력의 20퍼센트도 발휘하지 못할 거네. 마법의 20퍼센트에 두 배 정도의 시

간을 쓰고 나머지에는 훨씬 적게 쓰는 거지. 핵심은 에너지의 60퍼센트는 줄이면서 결과의 60퍼센트는 더 얻어낸다는 데 있네."

친구 : "그렇다면 마법의 20퍼센트에 100퍼센트의 에너지를 다 쏟아서 4배 더 얻어내면 되지 않나?"

나 : "이론상으로는 가능하고 나중에는 실제로도 그렇게 되겠지만, 먼저 속도를 줄여야 하네. 그리 필요치 않은 일들은 그만두게. 본연의 우수함을 유지하면서 마법의 활동에 시간을 들이는 데는 한계가 있지. 스스로 적게 일하도록 하게. 좀 더 중요한 분야에서 노력하고 좀 더 효과적인 일을 찾는 데 시간을 쓰면 되네."

친구 : "하지만 자네가 게을러지는 걸 믿는 건 아니지? 그렇지?"

나 : "오직 한두 가지 목표에만 집중해 위대한 성과를 이뤄낸 게으른 사람은 많네. 물론 무척 열심히 일했지만, 너무 많은 목표를 세웠고 결국엔 모두 실패한 사람들도 있지. 여전히 수많은 과학자나 예술가들이 자신의 일에 사로잡혀 있기를 좋아하네. 나는 그들에게 게을러지라고 말하지는 않네. 나태함을 지지하지는 않지만 중요한 일에 집중하는 건 필요하네. 자네가 '게으르다'는 말이 싫다면 '편안하게'라고 바꿔보게. 자신이 즐기는 일을 하되 차분하게 그리고 걱정하지 않고 하면 되네.

너무 열심히 일하는 사람들은 때로는 너무 바쁜 나머지 정말 중요한 것을 놓치곤 하지. 반면 게으른 이들은 최소한의 일만 원하다 보니 정작 중요한 일에만 힘을 쏟게 되네. 새로운 발상을 하는 게으른 사람들이 그런 발상을 이루기 위해 집중하는 것이 확실히 생산적이네. 종종 생각하기는 혼란스럽고 심지어는 무섭기까지 하지. 사소한 일들에 우리 자신을 파묻는 것이 덜 위협적으로 느껴진 거야.

우리 대부분에게 새롭고 가치 있는 것을 만들어내는 유일한 방법은 속도를 줄여 천천히 하고 적게 일하고 마음을 편하게 먹는 거지. 자네가 정말 자신의 일을 사랑한다면 게을러질 필요가 없네. 하지만 즐겁지도 않은 수많은 일을 하고 있다면, 그것들을 다 쳐내고 가치 있고 즐거운 일만 계속하게."

어마어마하게 성공한 사람들은 무엇을 '다르게' 하는가?

성공하고 싶다면 소위 '대스타'들의 다른 점이 무엇인지 살펴봐야 한다. 여기에는 6가지의 특징이 있다.

스타들은 야심만만하다

놀랄 일도 아니다. 그렇더라도 그들의 야심은 달달하면서도 억지스럽지 않다. 그 이유는 이렇다.

스타들은 자신이 하는 일을 사랑한다

연구가 스럴리 블로닉^{Srully Blotnick}은 자수성가한 백만장자들을 조사했다. 그는 그들이 자신의 일을 사랑한다는 것을 알아냈다. 그들의 열정이 그들을 정상까지 올려놓는 것이었다.

노력이나 교육이 아닌 즐거움이 성공으로 가는 열쇠였다. 브라보!

수백만 명이 교육이라는 수레바퀴에서 노예처럼 혹사당하는 걸 그려보라. 또는 어두운 악마의 종탑에서 표독스러운 상사와 비열한 기업을 위해 일하는 건 어떤가? 그들 모두가 엉뚱한 곳에서 헤매고 있는 건가?

그게 당신이라면, 축하한다! 자신을 묶고 있는 쇠사슬을 집어던지고 좋아하는 일을 찾으면 된다. 그게 당신이 아니더라도 역시 축하할 일이다! 수레바퀴는 필요 없으니까.

많은 성공한 기업가들이 대학 교육을 받지 않았고 더 이상의 고등교육 역시 받지 않았다. 그들의 절반 이상은 그들이 할 수 있을 때 학교를 떠났다. 그러나 그들을 성공하게 만든 건 그들의 하고자 하는 '열정'이었다.

당신 역시 그렇게 될 수 있다. 그런 승리자들의 학교 성적은 그리 좋은 편이 아니었지만, 그들이 성공하는 데 걸림돌이 되지는 못했다. 그들은 자신이 좋아하는 일을 찾았고 다른 사람들이 원하는 것을 만들어낼 수 있었다. 당신도 그렇게 할 수 있다. 자신이 좋아하는 일을 자신의 비즈니스나 직업으로 삼는 데 무슨 특별한 것이 필요한가?

스타들은 한쪽으로 치우쳐 있다

스타는 만능 재주꾼이 아니다. 최고의 위치에 있는 사람들에게는 장점도 많지만 그만큼 단점도 있다. 그렇다고 그들의 약점이 큰 문제가 되지는 않는다. 훌륭한 결과를 이끌어내는 건 오직 강점에 집중하고, 올림픽 챔피언처럼 강점을 최고로 갈고 닦은 덕분이다.

일하는 장소 - 직종, 회사, 부서, 직무 - 는 매우 중요하다.

만약에 잠재력을 갖춘 직무나 직업의 20퍼센트가 잠재적인 이득의 80퍼센트를 창출해낸다면 자신의 한쪽으로만 발달된 장점을 전방위로 내세울 수 있는 직업을 찾으라. 균형을 맞추려는 일은 범인(凡人)들이나 하는 것이다.

스타들은 세밀한 것에 대해 많이 알고 있다

두루 경험을 해보라는 말을 들어봤나? 그럴 필요 없다. 자신의 에너지를 모아 한 곳에 집중하라. 선두에서 깊이 파고드는 전문가가 돼라. 다른 전문가들도 만나서 그들이 어떻게 작업하고 어떤 삶을 영위하는지 보라. 그들을 본받으면 된다.

스타들은 명확하게 생각하고 소통한다

그들은 자신을 간결하게 상품화시키고 마케팅한다. 이를 어떻게 배울 수 있을까? 판매원처럼 할당량을 하라. 영업은 힘들다. 거절을 감수해야 하지만 그럼으로써 거절을 받아들이는 법도 배우고,

까다로운 고객을 상대하고, 그들과의 의사소통을 통해 효과적으로 거래하는 법도 배울 수 있다. 자신을 홍보하는, 인생의 중요한 가르침을 얻게 될 것이다. 그러면 인생의 나머지는 훨씬 더 쉽고 더 성공적으로 변한다.

스타들은 자신만의 성공 공식을 발전시킨다

당신이 가장 좋아하는 코미디언은 그만의 독특한 방식을 가지고 있는가? 그 방식이라는 것이 타이밍, 목소리 톤, 말하는 소재, 아니면 그만의 특이점인가? 그것이 무엇이든 본받을 만하고 또 그만큼 값진 것이기도 하다.

스타들이 하루아침에 이런 공식을 만들어내지는 않는다. 당신 역시 그럴 수 없다. 다른 수많은 사람들의 성공 공식을 관찰하라. 그것을 습득하고 또 잘 조합해서 익히거나 자신만의 것으로 다시 만들어낼 수도 있다. 시도해보라. 무엇이 적은 것으로 많은 것을 이뤄내는지 지켜보라.

일과 성공을 즐기기 위한 80/20 방법

1단계 : 자신의 80/20 목적지에 집중하라

자신이 일에서 진정으로 원하는 것은 무엇인가? 또 일은 자신에게 무슨 의미인가? 무엇이 이상적일까? 자신이 가장 소중히 여기는 몇몇은 무엇인가?

아래는 자신의 직업에서 중요하다고 생각될 만한 보기들이다.

직업에서 내가 가장 중요하다고 생각하는 것은 무엇인가?

- ☐ 높은 연봉
- ☐ 내가 즐기는 업무
- ☐ 안정성
- ☐ 편안하고 알맞은 조건
- ☐ 즐거움
- ☐ 직장에서의 친구나 친한 동료
- ☐ 나를 생각하게 만드는 계기
- ☐ 다양성
- ☐ 좋은 상사
- ☐ 내 생활에 적합한 시간과 그리 길지 않은 근무시간
- ☐ 내 마음대로 할 수 있는 자유로움
- ☐ 회사의 명성
- ☐ 직업이 주는 위신
- ☐ 훌륭한 주변 복지 혜택
- ☐ 승진에 대한 기대

- ☐ 다른 사람들에게도 이로운 중요한 임무
- ☐ 훌륭한 교육과 자신의 능력 향상 기회
- ☐ 조직에서 영감을 북돋우는 직장 상사나 리더
- ☐ 자신이 선호하는 탄력적인 근무 시간
- ☐ 내 인생의 애정 상대를 만날 수 있는 장소
- ☐ 내 능력에 정확히 부합하는 업무
- ☐
- ☐
- ☐

밑에 세 칸은 자신이 원하는 어떤 것이라도 적어 넣을 수 있다.

자신에게 중요한 항목들에 표시하라.

그리고 '적은 것으로 많은 것을 이룬다'라는 것을 기억하면서 자신의 행복에 가장 중요한 한 개, 두 개 또는 세 개의 항목 ─ 딱 한 가지만 택하는 것이 가장 이상적이긴 하지만 ─ 을 고르라. 자신이 고른 항목들이 일을 위한 80/20 목적지가 되어줄 것이다. 좀 더 구체적인 목표, 예를 들어 '나는 영화감독이 되고 싶어.', '나는 간호사가 될 거야.' 또는 '나는 경영 컨설턴트가 되는 게 꿈이야.' 같은 것을 가지는 편이 훨씬 더 낫다.

참 특이한 건, 재능있는 많은 사람들이 자신이나 자기 가족을 행복하게 해주지 못하는 직업이나 커리어를 좇고 있거나, 아니면 직업이나 직장이 해줄 수 있는 만큼만 행복하다는 것이다.

나의 친구들 중 적어도 절반 정도는 그들을 행복하게 만들어주는 길을 선택하지 못했다. 그들은 먼저 성공이나 돈을 자신의 즐거움이나 만족감 그리고 의도보다 더 우선순위에 두었다.

그들 대부분은 큰돈을 벌고 있다. 하지만 돈과 지위가 가져다주는 행복이 좀 더 만족스러운 일을 하는 데서 오는 행복보다 더 클까? 글쎄, 의문이다.

여기에 흥미로운 사실이 있다. 친구들을, 자신이 좋아하는 일을 하는 그룹과 돈과 성공을 위해 일하는 그룹으로 나누어 보았더니 평균적으로 전자의 그룹이 더 많은 돈을 벌었다. 돈보다는 즐거움과 만족감을 위해 일하는 친구들이 역시 돈을 더 벌고 있는 것이다.

"일하는 것이 노는 것보다 더 즐겁다."

노엘 카워드Noel Coward의 말이다. 지금은 이를 증명할 다양한 증거들이 그의 말을 탄탄하게 뒷받침해주고 있다.

심리학자 미하이 칙센트미하이Mihaly Csikszentmihalyi는 '몰입(flow)'에 대해 선구적으로 연구했던 인물이다. '몰입'이란 시간이 멈춘 듯하고 자신이 원하는 것을 정확히 알고 하기 때문에 그것이 끝나지 않기를 바라는 상태, 앞서 얘기한 '행복의 섬' 같은 상태를 말한다.

그는 미국인들이 여가시간보다는 일에 더 몰입하고 있다고 이야기한다. 몰입은 개인적인 숙련과 적극적인 성과 달성에서 나온다. 자신의 장점과 부합되는 일 - 확실하고 긍정적인 결과를 이끌어내는 - 은 이루 말할 수 없는 만족감을 가져다준다.

성공은 다른 사람들을 의식해서 부를 축적하거나 물건을 과시적으로 소비하는 데 혈안이 되는 과정이 아니고 또 그렇게 되어서도 안 된다. 이는 아무도 이길 수 없는 게임과 같다. 백만장자의 과시적 소비는 억만장자의 소비 앞에서는 초라해질 것이다. 또 우리의 선의를 망치고 에너지를 빼앗아 끝없는 경쟁과 시기심을 불러올 것이며, 이는 어느 누구의 요구나 바람과도 일치하지 않는다.

다른 모든 것과 마찬가지로 성공 역시 '적은 것이 더 많은 것'이다. 양보다 질이 더 가치 있고, 베풀기가 소비하기보다 더한 만족을 가져다주며, 여유로운 시간이 넘쳐나는 물건보다 한 수 위이고, 평온함이 애쓰기보다 더 낫고, 사랑을 베풀어야 사랑받을 수 있다. 우리 모두가 가슴 깊은 곳에서부터 원하는 것은 충분한 시간, 평온함, 사랑, 평화, 평정심, 영적인 깨달음, 자신감, 그리고 자기 자신을 표현하고 다른 사람들을 위한 가치 있는 것들을 만들어내고 싶어하는 마음이다. 참된 성공이란 자신의 시간을 본인이 좋아하는 방식으로 쓰면서 자신만의 재능을 발휘하고 자신에게 소중한 사람들에게 소중해지며 사랑받는 것이다.

그러므로 모두 믿고 있지만 실제로는 아무도 경험해보거나 즐겨보지 못한, 겉만 번드르르 하고 간접적인 개념이 된 성공의 속물적인 정의 말고, 자신에게 성공이 무엇을 의미하는지를 명확히 해서 찾아야 한다.

그렇다고 더 큰 즐거움을 만끽하고자 직업을 매번 바꿀 필요는 없다. 자신이 하는 방식을 바꾸면 간단히 해결된다.

내 이발사와 테니스 코치가 자신들의 삶을 이야기해주며 나의 삶에 관해 물어보기에 말해주었다. 그 덕분으로 나는 그들로부터 무료 이발 서비스와 테니스 레슨을 받고 있다! 그들은 내가 말해준 방식으로 그들의 일을 더 즐기고 있기 때문이다.

간호사였던 나의 어머니가 일주일 동안 병원에 입원했을 때, 요즘에는 많은 수의 간호사들이 환자나 그의 가족들과 이야기를 나누고 환자가 회복하는 데 힘쓰고 있다고 말씀하셨다.

당신은 자신의 직업에 의미심장하고 가치 있는 일을 보탤 수 있겠는가?

● 사례

일을 즐겁게 할 수 있다는 생각은 단지 허황된 꿈일 뿐인가?

자신의 일을 즐겁게 할 수 있다는 데 동의하는 이는 그리 많지 않다. 내 친구 브루스는 자신의 일에 불평이 가득하다. 내가 "좋아하는 일을 하지 그래." 라고 말할 때마다 그는 나를 꾸짖는다.

그는 말한다. "내 생각으로는, 자네가 하는 말은 뜬구름 잡는 소리네. 내 직업이 싫지만 적어도 안정적인데다가 영구적이지. 요즘엔 이런 점이 중요하거든. 오늘날 직장생활이 얼마나 힘든지 자네는 이해하지 못할 거라고 생각하네. 특히 우리 같이 자격조건이 부족한 사람들한테는 더욱 그렇지. 비정규직에 대해 들어본 적 있나? 모든 정규직들이 계약직이나 임시직 등으로 대체되고 있네. 나는 온전히 직장에 붙어 있기만 바랄 뿐이지. 그게 내 포부이기도 하네. 내가 좋아하는 커리어를 갖는다는 생각은 한갓 백일몽 같은 거네, 나에겐."

"자, 좋아! 그럼 이렇게 생각해보자구." 나는 반격을 시작했다. "백년 전만 하더라도 일이란 하기 싫고 따분한 것이었네. 아무도 일하는 게 즐거운지 묻지 않았지. 하지만 현대에는 수백만 명의 사람들이 자신의 일을 즐기고 있네. 그리고 더 많이 좋아할수록 더욱더 성공하지. 자네 역시 그렇게 하지 그러나? 물론, 자신이 즐길 수 있는 일을 찾는 건 어렵고 긴 시간이 걸리지." 나는 덧붙였다. "그래도 그건 항상 가능하네. 열심히 자신이 좋아하는 일을 찾던 내가 아는 모든 사람들이 나중에는 잘 헤쳐나갔으니까. 브루스! 자네가 하는 그 어떤 일도 자신이 좋아하는 일을 찾는 것보다 삶 전체의 행복에 영향을 미치는 건 없네. 거기에 자네의 모든 노력과 상상력을 동원해볼 만하네."

"항상 좋은 직장을 갖게 된다고 어떻게 장담할 수 있지?" 브루스가 물었다. "실업률은 계속 올라가고 좋은 직업은 귀해지고 있는데?"

"글쎄, 그건 맞는 말이네. 그럼에도 불구하고 좋은 직장은 늘 있기 마련이지. 언제나 희망은 있다네. 자네가 알고 있거나 좋아할 만한 직업의 리스트를 만들어보는 게 어떤가? 많은 시간을 쏟고 공을 들여

아주 긴 리스트를 만들어보게. 자기만의 직장을 만들어보는 것도 생각해보게나.

내가 아는 많은 지인들은 이런 과정을 거쳤다네. 먼저 그들은 자신이 싫어했던 직장에서 해고당했거나 퇴직했네. 나중에 자신이 좋아하는 자신만의 직장을 가지게 되기 전까지 그들은 다른 사람에게 자신을 고용하라고 설득하거나 아니면 자영업을 시작했지. 그들은 보통 직장에 취직할 기회가 없기 때문에 거의 자포자기한 상태가 된다네. 그런 시도가 잘 되건 아니건 간에 그들은 두 번째도, 세 번째도 시도해본다네. 그러고는 거의 대부분이 항상 새로운 직업을 좋아하게 되지. 종종 재산도 모으는 행운도 누린다네. 해고당하는 과정을 겪지 않고 말이야. 아직도 자네가 젊을 때 이런 과정을 거치는 게 더 낫지 않겠나?"

"아마도 그럴지 모르지. 하지만 내가 원하는 직업에는 수백 명의 더 잘난 스펙을 가진 사람들이 줄을 서고 있네." 그가 푸념했다.

"그렇지. 자네는 아마도 좋은 직장을 얻기 위해 많은 이들과 경쟁해야 될지도 모르네. 그래도 하고자 하는 열정이 가장 중요한 것 아니겠나. 자네가 진심으로 그 일을 원하는지 아닌지는 사람들이 생각하는 것보다 훨씬 잘 드러난다네. 직업을 찾는 범주에는 20퍼센트의 실직 상태가 발생하는데, 만약 누군가가 100퍼센트의 의욕을 가졌다면 그가 바로 그 직장이나 그 비슷한 직장을 빠른 시일 내에 얻게 되는 이치네.

많은 친구들이 자신이 좋아하지도 않으면서 직장 다니기를 고수하는데, 왜냐하면 그런 직장이 안전해서 아니면 보수가 좋으니까 또는 아내, 남편, 파트너, 부모님, 친구, 선생님 등 주변인들에게서 받는 중압감 때문에 그러지. 반면 또 다른 친구들은 보수는 그 전보다 덜하지만, 자신이 만족하는 직장으로 옮겨서 돈 문제를 어떻게 해결할 건지 방법을 모색한다네. 예를 들면 지출을 줄이거나 가족 구성원 중 일할 사람을 늘리거나 그마저도 안 되면 저축한 돈을 이용하기도 한다네. 그런 다음 가족에게 일어나는 일은 가족들이 즉시 더 행복해진다는 것이네. 아무도 후회하지 않지. 나중에는 이들 중 많은 수가 돈역시 많이 벌게 된다네."

2단계 : 자신의 80/20 루트를 찾으라

적은 것으로 많은 것을 이뤄내는 것을 찾으라. 이것이 바로 '에너지의 큰보상(super-returns)'이다. 어떤 조직, 어떤 산업, 어떤 직업에서든 몇몇 사람들은 다른 사람들보다 열심히 일하지 않고도 훨씬 앞서간다. 왜 그럴까? 80퍼센트를 이뤄내는 그 20퍼센트를 찾아보자.

- [ ] 어떤 직업이든 지원자의 20퍼센트보다 더 적은 수만 신중히 고려되는데, 그들의 100퍼센트가 그 직업을 얻게 된다. 무엇이 그 마법의 20퍼센트 안에 들도록 할까? 자신이 그토록 원하는 직업에 지원하기 전에 먼저 다른 직업에서 얻은 경험이 필요한가?

☐ 재미의 80퍼센트는 직업의 20퍼센트에 집중되어 있다. 재미를 원한다면 그들 중 하나를 선택하라.

☐ 재미와 높은 보수를 제공하는 직업의 80퍼센트는 아주 극소수의 조직과 직업에 집약되어 었다. 이런 직업들은 일정 부분 준비작업이 요구되지만, 자신이 원하는 직업이 보수 또한 높다면? 이런 훌륭한 직업을 갖기를 열망하는가? 그렇다면 오래 준비하라.

☐ 성장률의 80퍼센트는 전체 기업 수의 20퍼센트에서 창출된다. 성공하려면 빠르게 성장하는 기업에 들어가라. 누군가는 이런 새로운 기회들을 충족시키게 되어 있다.

☐ 승진의 80퍼센트는 빠른 성장세를 보이는 기업의 20퍼센트, 혹은 언제나 내부에서 승진이 이뤄지는 기업에서 나온다. 많은 가족 중심 기업에서 이렇게 하고 있다.

☐ 승진의 80퍼센트는 성공한 보스의 20퍼센트에게 주어진다. 자신이 하는 일보다 누구와 함께 일하느냐가 더 중요하다. 소위 잘나가는 사람의 뒤를 잘 쫓아가도록 하라. 당신의 보스가 마지막으로 승진한 게 언제인가? 까마득하다면 다른 보스를 찾아보라.

☐ 결과의 80퍼센트는 활동의 20퍼센트에서 나온다. 당신의 직업에서 결과물을 만들어내는 행동은 무엇인가? 그런 행동을 더 많이 하라. 그리고 더 잘 하라. 나머지는 다 잊어버려라.

☐ 직장이나 직업에서 필요로 하는 유용한 경험의 80퍼센트가 20퍼센트도 안 되는 전문가나 조직에서 일한 경력에서 나온다. 지금 당신은 최소한의

노력만으로 가장 빠르고 많이 배울 수 있는 곳에서 일하고 있는가? 그렇게 해줄 보스나 멘토가 당신에게 있는가?

☐ 자신 가치의 80퍼센트 혹은 더 이상이 자신이 하는 일의 20퍼센트 정도에 의해 결정된다. 당신에게 맞는 장소, 맞는 역할, 맞는 회사, 맞는 조직, 맞는 부서에 속해 있는가? 당신이 최대한의 가치를 창출할 곳은 어디일까? 당신에게 가장 적합한 직업은 무엇일까? 이미 존재하고 있나? 그러한 최대 가치를 창출하려면 어떻게 해야 할까?

☐ 승진의 80퍼센트는 '몇몇 사람들에게 강한 인상 남기기'의 결과다. 당신이 원하는 일을 얻게 해주는 그들은 누구인가? 당신이 어떻게 하면 그들에게 최고의 인상을 남길 수 있을까?

☐ 수익의 80퍼센트는 20퍼센트도 채 안 되는 고객들에게서 나온다. 당신에게 그들은 누구인가? 당신이 그들을 독점적으로 상대해 일할 수 있는가?

☐ 부와 웰빙의 80퍼센트는 사람들의 20퍼센트보다 적은 수에 의해 생성된다. 당신의 분야에서 그들은 누구인가? 어떻게 그들 중 일원이 될 수 있을까? 그들과 함께 일하고 이윤을 나누거나 새로운 회사를 설립할 수 있나?

☐ 보스나 소유주로서 가장 유능한 최고 인재를 '영입'할 수 있나?

☐ 가치 창출의 80퍼센트는 시장 내 이슈의 20퍼센트에 집중해서 그에 맞게 혁신함으로써 만들어진다. 가치의 80퍼센트는 변화의 20퍼센트로부터 나온다. 어떤 요구사항이 변화하고 있는가? 누가 그런 과정을 주도하는가? 그것을 본받아서 좀 더 저렴한 방법으로 처리하고 새로운 장소로 향하거나 더 진행시킬 수 있는가?

어떤 루트가 일과 성공을 위한 자신의 80/20 목적지로 데려다줄 것인가?

- [ ] 당신이 추정하는 것보다 더 빠른가?
- [ ] 지금 목표하는 것보다 훨씬 더 높은가?
- [ ] 당신의 성격에 어긋남 없고, 싫어하거나 본심이 아닌데도 해야 한다는 강요도 없고, 가식적인 역할을 하지 않고도 가능한가?
- [ ] 당신의 가장 특출나고 두드러지는 20퍼센트의 스파이크를 사용하는가?
- [ ] 즐길 수 있는가?

정의하자면 80/20 루트는 위의 모든 조건들을 충족시켜야 하고 자신을 들뜨게 해야 한다. 일과 성공을 즐길 자신만의 80/20 루트를 찾아낼 때까지 계속해서 생각해야 한다.

3단계 : 80/20 행동을 취하라

시작하기 위해 세 가지 80/20 핵심 행동을 취하도록 하라. 각각의 행동은 자신의 80/20 루트로 80/20 목적지를 향한 엄청나고 거대한 도약을 가능토록 해줄 것이다.

반대로 적어보라.

모든 80/20 행동 단계를 위해서 3가지 또는 4가지 다른 행동을 그만두라. 행동은 적게 하고 더 많이 집중하라.

어려운가? 변화는 생소하다. 그 대신 자신에게 그다지 중요하지 않은 많은 일을 자신이 좋아하는 일로 대체하는 것이다. 이런 변화는 과정이 된다.

새로운 접근법을 시도하는 비밀은 한 가지의 행동을 취하고, 그 행동이 효과적일 수 있는 방법을 찾는 것이다. 이것이 효과가 증명된 또 다른 단계로, 그런 다음 또 다른 단계로 올라가도록 자신에게 힘을 북돋워줄 것이다.

80/20 행동 1 :

80/20 행동 2 :

80/20 행동 3 :

제1차 세계대전 때 해군 병사들의 배는 부서져 가라앉았고, 구명보트 주위에 겨우 떠서 목숨을 부지하고 있었다. 그들은 몇 날 며칠 동안, 심지어는 일주일이나 그 이상 추위와 허기에 시달려야 했다. 그러는 동안 병사들은 서서히 죽어갔다. 그런데 특이점은 엄청난 수의 젊은 병사들이 먼저 죽었다는 것이었다.

어찌 된 일일까? 젊은 해군들이 더 건강하기 때문에 더 오래 살아남아야 마땅했다. 나중에 밝혀진 바로는 많은 수의 나이 든 병사들은 배가 파선된 경험이 있었고, 어떤 동료가 물에 빠졌었고, 또 누가 살아서 구조되었는지 알고 있었다. 그전에 자신이 구조되었다는 것을 아는 것만으로도 살고자 하는 의지를 더 강하게 했던 것이다. 그들은 자신이 살 수 있는 루트가 있다는 걸 알고 있었다. 그들은 걱정하거나 초조해하지 않았다. 자신들이 단단히 생명을 붙잡고 있는 것만이 살 길이라는 것을 안 것이다.

그 이후 모든 병사들에게 배가 난파되어 구조선에서 며칠이고 갇혀 있을 수 있지만, 그럼에도 대부분이 구조된다는 사실을 알려주기로 결정했다. 생존율은 높이 치솟았다.

해병들이 구조를 예측하는 것처럼, 당신이 신중하게 생각한 한 가지 또는 두 가지의 80/20 행동을 실제 상황에 적용한다면 그런 행동들이 무척 효과적이라는 것을 알게 된다. 그러니까 지금 행동하라. 그리고 자신의 인생을 바꿔줄 '적은 것으로 많은 것을 이뤄낼 수 있다'는 자신감을 가지면 된다.

무(無)에서 탄생한 영웅

이번 장은 '적은 것이 곧 많은 것이다'와 '적은 것으로 많은 것을 이뤄 내서' 인생을 완전히 바꾼 사람의 이야기로 끝맺고자 한다.

아주 오래전에, 자신의 아버지 학교에서 선생님으로 재직해 아이들을 가르치던 로랜드라는 청년이 있었다. 이후 그는 '사우스 오스트레일리아 정부위원회'의 서기가 된다. 로랜드는 그리 뛰어난 사람은 아니었다. 그는 그리 부자도, 유명하지도, 그리고 아는 사람도 별로 많지 않았다.

그렇지만 그에게는 아이디어가 있었다.

그 시절에는 편지를 받는 데 엄청난 비용이 들었다. 먼 거리에서 온 우편물일수록 수취인은 더 많은 비용을 지불해야 했다. 로랜드는, 만약 편지 부치는 비용을 대폭 낮추게 되면 수천 명의 사람들이 더 많은 편지를 보낼 수 있을 거라는 놀라운 생각을 했다. 또 그는 '우표'라는 걸 생각해냈는데, 편지를 보내는 사람이 돈을 내서 우체부가 편지를 전달할 때 수취인에게 돈을 받지 않도록 했다.

로랜드 힐Rowland Hill은 영국 정부에 이를 시험해보도록 건의했다. 이리하여 1840년 페니 우편 - '페니 블랙' 우표 - 이 탄생하였다. 이는 엄청난 성공을 거둬서 로랜드 힐은 새 우편 서비스의 회장이 되었고, 더불어 부자에다 유명하게 되었다.

10여 년 안에 50개의 나라에서 이 제도를 시행했다. 이 새로운 커뮤

니케이션 창구는 오늘날 인터넷과 견줄 만큼 혁신적인 것이었다. 페니 우편은 평범한 사람들에게 배우고 쓰기를 장려해서 교육 붐을 일으키는 데도 일조했다.

막상 그가 알지는 못했어도 로랜드는 80/20 방법을 따르고 있었다. 더 많은 우편 수익이 가격을 낮춘 데서 나왔다. 한 가지의 간단한 아이디어와 한 가지의 80/20 행동이 엄청난 사회적 이득과 훌륭하고 새로운 커리어 창출로 이어졌던 것이다.

스스로에게 물어보라.

'나도 로랜드 힐처럼 아이디어가 떠오를까? 많은 사람들에게 이로움을 주면서 나의 인생 역시 바꿀 수 있는 것이 있을까?'

돈의 신비를 벗겨라

"세상에서 가장 강력한 힘이 뭐냐고?
복리이자!"
– 앨버트 아인슈타인 –

한 저명한 금융 전문가가 폴 글래슨Paul Glason이 쓴 책,《바빌론의 최고 부자The Richest Man in Babylon》에 나온 자산관리 방법 수업에서 강연했다.

"이 책에는 오직 하나의 메시지만 있습니다."금융 전문가는 결론지었다. "그리고 이 메시지는 오늘날에도 여전히 통하는 사실로, 미래의 돈 걱정을 없애기 위해서 여러분이 해야 할 일은 바로, 저축하고 자신의 수입의 10퍼센트를 장기 성장을 위해 투자해야 한다는 것입니다."

강연자는 자신들의 재정상태를 바로 잡는 법을 배우고자 비용을 지불하고 온 참석자들에게 책을 읽었냐고 물었다. 참석자 중 3분의 2 가량이 손을 들었다.

"잠시만 손을 들고 계세요."라고 강연자는 말했다. "자, 그럼 이제 이 책의 핵심사항인 저축하고 수입의 10퍼센트를 투자하라는 메시지를 따라 한 분이 계시면 계속 손을 들고 계시고 나머지 분은 손을 내리시면 됩니다."

100명가량 손을 들었던 참석자 가운데 계속 손을 들고 있는 이는 아무도 없었다. 그들 모두는 책이 주는 메시지를 이해하고 공감했다. 그럼에도 불구하고 아무도 해야 할 행동을 취하지 않았다.

왜 그런 걸까? 실제로 행동은, 행동으로 옮긴다는 생각보다 항상 더 어렵기 마련이다. 하지만 크게 본다면 폴 글래슨의 책은 저축할 수 있는 쉬운 방법을 제시하지 않았다.

나는 당신에게 거래를 제안하려 한다. 내가 돈 문제를 해결할 보다 간단한 방법을 제시하고 그 방법대로 한다는 약속을 전제로 하면 된다. 내가 제안한 거래를 택할 각오가 되어 있지 않다면, 이 장을 읽는다고 해서 어떠한 이득도 끌어낼 수 없으므로 그냥 넘어가도 좋다.

아주 오랜 옛날부터 돈의 세 가지 미스터리가 사람들을 어리둥절하게 만들었다.

☐ 왜 아주 극소수의 사람들만 돈의 대부분을 차지하고 있고, 대다수의 사람들은 돈이 없나?

☐ 자신에게 필요한 돈을 벌 수 있는 믿을 만한 방법이 있기는 한가?

좋은 소식은 돈의 미스터리를 풀 수 있다는 것이다.

● 사례

빌프레도의 위대한 발견

100년도 더 전에 한 털복숭이 이탈리아 경제학자는 엄청난 충격에 휩싸였다. 로잔대학교의 빌프레도 파레토 Vilfredo Pareto 교수는 영국의 부(副)를 연구하고 있었다. 그는 소수의 사람들이 돈의 대부분을 소유한다는 흥미로우면서도 한쪽으로 치우친 도표를 발견했다.

그래서 그는 앞선 세기 영국의 부의 통계들을 들여다 봤다. 모든 시기에 도표 그림이 거의 같았다. 파레토 교수는 미국, 이탈리아, 프랑스, 스위스, 그리고 세계 곳곳의 부를 비교해봤다. 모든 국가의 통계가 같은 결과로 나왔다. 돈의 법칙이 모든 시간과 장소에 영향을 미치고 있었다.

파레토는 자신의 법칙을 그리 긍정적으로 설명하지 않았지만, 1950년대 조셉 주란 Joseph Juran 이 '사람들의 20퍼센트가 부의 80퍼센트를 차지한다'라는 이 내용을 '80/20 법칙'이라고 다시 이름 붙였다.

파레토가 살던 시절에는 세금이 매우 낮았다. 지난 세기에도 세계 각국의 정부는 부자들에게 세금을 걷어서 가난한 사람들에게 주었다.

그렇다 해도 파레토의 도표는 조금도 변하지 않았다. 미국 최고의 부자 20퍼센트가 전체 부의 84퍼센트를 차지한다는 사실만 봐도 알 수 있다. 지구상 상위 20퍼센트의 사람들이 돈의 85퍼센트를 독점하고 있다. 이런 숫자는 놀라울 따름이다. 돈이 – 그리고 80/20 법칙이 – 정부보다도 더 강력하다.

왜 고작 20퍼센트가 84퍼센트를 소유하는가?

바람, 파도, 날씨와 같이 돈은 힘이다. 돈은 공평하게 나뉘는 걸 싫어하고 돈이 돈을 낳는다.

왜 그런 걸까? 어떻게 하면 돈을 끌어모을 수 있을까?

돈은 아인슈타인이 '세상에서 가장 강력한 힘'이라고 주장한 '복리이자'로 80/20 법칙을 준수하고 따른다.

아주 적은 금액의 돈으로 시작해 저축하고 투자하면 복리이자가 나머지는 다 알아서 해준다.

1946년 돈에 대해서 잘 모르던 앤 샤이버Anne Scheiber는 5,000달러를 주식에 투자했다. 그녀는 투자한 주식의 주권을 묻어두고는 주식이 어떻게 될지 걱정을 접었다. 1995년 그녀가 주식에 투자한 종잣돈 5,000달러는 22,000,000달러 – 440,000퍼센트가 오른 – 가 되어 있었다. 이게 다 '복리이자' 덕분이었다.

저축하지 않는다면 얼마나 많은 돈을 버느냐에 상관없이 항상 가난할 것이다.

사람들 대부분은 돈이 없다. 왜냐하면 저축하지 않기 때문이다. 평범한 50대의 미국인들은 돈을 잘 벌지만, 그들의 저축액은 고작 2,300달러 정도다.

돈이 많은 이들은 대부분 오랫동안 저축하고 투자해온 사람들이다. 복리이자가 저축한 돈을 눈이 번득 뜨일 만큼 놀라운 방법으로 늘려놓는 것이다.

● 사례

어떻게 누구나 백만 달러를 만들 수 있는가?

"그게 정말인가요?" 하고 내 개인 비서 에론이 물었다. "제가 부자가 될 수 있다는 말이요."

"당연하지!" 내가 답했다. "자네가 한 가지 간단한 일만 한다면 말이야."

"말도 안 돼요, 리처드. 그게 사실일 리가 없어요." 에론보다 나이 어린 친구 엘리슨이 끼어들었다. 엘리슨은 분홍색의 약간 껄렁해 보이는 헤어스타일을 한 헤어드레서다. "그게 쉬운 일이라면 아마 우리 모두 백만장자가 됐을 걸요. 당신도 알다시피 몇몇 소수의 사람들만 그렇게 된다구요." 그녀는 수영장, 잘 가꿔진 정원 그리고 테니스 코트를 손짓해보였다. "그리고 나머지는 저희 같이 돈과 사투를 벌이고 있는 사람들이죠."

에론, 엘리슨, 나는 스페인에 있는 내 집에서 차가운 음료수를 마시며 11월의 햇살을 만끽하고 있었다. 나는 이 둘을 억지로 내 훈수를 듣는 방청객으로 만들었다.

"그 말이 맞네." 엘리슨에게 말했다. "대부분의 사람들은 – 멋진 직업과 그에 맞는 수입이 있는 사람들이라도 – 여분의 현금이 없지. 돈을 모으는 게 쉽다고 얘기하는 게 아니야. 단지 내가 전하고 싶은 메시지는 돈을 모으는 것이 누구나에게 가능하다는 얘기지."

"그럼 그 비법이 뭔데요?"

"에론 자네는 스물세 살이지? 자네가 한 달에 200달러를 저축한다고 가정한다면……."

"해가 서쪽에서 떠야겠죠." 엘리슨이 비웃었다.

"그럴 수도 있지." 내가 설명을 이어갔다. "하지만 에론이 한 달에 200달러씩 저축하고 투자한다고 가정해봐. 그리고 이 저축액이 10퍼센트씩 이자가 붙어서 에론이 65세가 될 때까지 42년간 계속 쌓인다면……, 그때가 되면 에론에게 얼마가 돌아갈까? 200달러를 1년간 저축하면 2,400달러이고, 그걸 42년간 저축한다면 한 100,000달러쯤 되겠네. 그리고 증가치를 최대로 둬야 돼."

"그렇다면……," 나는 에론을 쳐다봤다. "얼마쯤 된다고 예상하나?"

"아마도 한 두 배쯤? 200,000달러? 엘리슨은 어떻게 생각해?"

"제가 계산에 그리 밝지 못해서요." 그녀가 대답했다. "하지만 그리 많지는 않을 거 같은데요. 한 150,000달러 정도?"

"정답은……, 1,400만 달러가 넘는다네." 하고 답을 알려주었다. 그들은 놀라움을 금치 못했다.

"이 계산은 에론이 수입의 10퍼센트를 저축한다고 가정했을 때야. 물론 그만큼 저축할 거라고 생각하지는 않지만. 뭐 좋네. 그건 나중에 다시 생각하지. 엘리슨 자네는 어떤가?"라고 물었다.

"흐음." 그녀가 푸념하듯 얘기했다. "나보다 더 적게 버는 사람은 없을 거예요. 헤어드레서가 얼마나 적게 버는지 아세요? 최악의 보수를 받는 직업이라구요. 저축할 여력이 없어요."

"나이가 어떻게 되지? 수입은 얼마나 되고?"

"열여덟 살이에요. 일 년에 16,000달러이구요. 10퍼센트면 1,600달러네요. 할 수 있다고 생각되지는 않지만 만약에 내가 저축할 수 있다면 내 종잣돈이 얼마나 될까요?"

나는 계산기와 종이를 꺼냈다. 컴퓨터로 하는 게 더 빨랐지만 나는 계산과정을 그들에게 보여주고 싶었다. 에론이 음료수를 더 가져오자 나는 시작했다.

"자, 그럼 시작해볼까? 엘리슨이 65세가 될 때까지 1년에 1,600달러를 저축한다면 금액이 얼마나 될까?"

에론이 계산기를 두드렸다. 1,600달러에 47년 치를 곱하니 75,000달러라는 금액이 나왔다. 그러고는 그녀가 복리이자를 추정해서 5를 곱하더니 "400,000달러네요."라고 답했다.

"말도 안 돼!" 엘리슨은 놀랐다. "250,000달러도 안 될 거야."

"자네에게 해줄 얘기가 있다고 했던가?" 꽤나 고리타분하게 뜸을 들였다. "정답은 1,500만 달러라네."

"그럴리가요!" 그녀가 못 믿겠다는 듯 코웃음쳤다. "전 에론보다 훨씬 적게 번다구요, 우리는 나이 차이도 많이 안 나는데 제가 그보다 저축액이 많다니 계산이 분명 잘못됐어요."

"아니 그렇지 않네, 충분히 가능한 얘기지. 복리는 굉장히 강력해서 단지 몇 년 차이라도 엄청난 차이를 만들어내지. 저축을 일찍 시작하는 게 더 많이 버는 것보다 훨씬 중요한 이유가 여기에 있네."

"월급에서 10퍼센트를 저축하라는 얘기를 듣기 전까지는 그냥 이것들은 숫자에 불과했어요." 엘리슨이 얘기했다. "어떻게 저축할 수 있는지 깨닫지 못하고 버는 것보다 항상 더 많이 쓰려고만 했거든요."

"그 문제도 나중에 다시 생각하지." 라고 말해주었다. 그리고 나중에 다시 이 문제를 다룰 것이다. 그러나 우선 돈을 소중히 여겨야 하지 않을까?

돈으로 행복을 살 수 있을까? 물론 그렇다. 당신이 가난하다면 말이다.

"돈이 가난보다 더 낫다. 오직 금전적인 이유에서만 말이다."라고 우디 앨런이 빈정거리며 말했다. 배가 고프거나 노숙자라면 돈이 더 나은 삶을 가져다줄 수 있다.

하지만 어느 정도를 넘어서면 – 놀랍도록 낮은 정도지만 – 더 많은 돈이 더 많은 행복을 가져다주는 건 아니다.

29개국에 걸쳐 각국의 평균 구매력을 가진 수만 명의 평균 행복도를 비교 연구하였다([도표9])[1]. [도표9]에서는 가난한 나라일수록 구매력과 행복도가 서로 상관있다는 사실을 보여준다. 그렇지만 부의 정도가 미국의 절반 정도 되는 나라에서는 구매력과 행복도 사이에 상관관계가 전혀 나타나지 않는다.

나라들을 개별적으로 보면 이를 쉽게 증명한다. 매우 가난한 미국인들은 덜 행복하다. 하지만 그들 외에는 돈이 행복에 영향을 미치지 않는다. 실제로 미국 100대 부자 안에 들어도 돈은 행복 정도에 아주 조금 기여할 뿐이다.

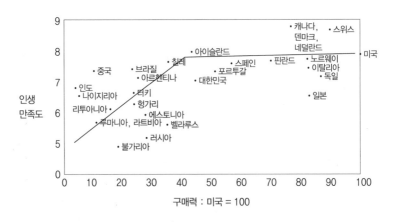

[도표9] 29개국의 행복도와 구매력

아니면 초반에 행복감을 맛보는 22명의 복권 당첨자의 예를 보자. 그 행복감은 오래가지 않는다. 일 년 내에 당첨자들은 그 전보다 더 행복해지지는 않는다.

좀 더 많은 상황들을 보자. 부자인 세 나라의 구매력은 1950년에서 2000년 사이에 두 배가 되지만 그렇다고 행복도가 더 올라가진 않았다. 국가가 더 잘 살게 됨에 따라 우울감도 뒤따르고 상대적인 약자들은 훨씬 더 젊은 나이에 고통받는다.

이런 정황들은 가슴 아프다. 적당히 잘산다는 것은 내가 가난한 것보다는 더 행복하다는 것을 의미한다. 하지만 일단 잘 먹고 잘 입고 좋은 집에 살고 돈이 많게 된다고 해서 그로 인해 더 행복해지지는 않는다.

19세기 존 스튜어트 밀John Stewart Mill은 이런 기막힌 명제를 내놓았다. "부자가 되기를 바라지 않는다. 그냥 남들보다 잘 살고 싶을 뿐이다." 우리의 생활 수준이 높아졌지만 남들 역시 그러하니 내가 더 잘 산다는 느낌을 받지 못한다. 또한 예전에 비해 좋은 차와 집도 있지만 내 친구들 역시 비슷한 차와 집이 있으므로 전보다 잘 살게 되었다는 걸 잊어버린다.

지금 현재 나는 남아프리카공화국에 살고 있다. 여기서는 내가 부자인 것 같다. 유럽이나 미국에선 그런 느낌이 없었다. 내 느낌은 내가 지금 얼마나 윤택한 삶을 사는지와는 상관없이 다른 사람들이 어떻게 사는지와 관련 있다. 상대적으로 생활 수준이 낮은 이곳에서는 내가 부자라고 생각되는 것이다.

물론 돈 벌기에는 고통과 어려움이 따른다. 1991년 4월 8일 〈타임Time〉지는 성공적인 커리어에 들어가는 돈을 '커버스토리'로 실었다.

- [ ] 500명의 전문직 종사자 중 61퍼센트는 "오늘날 돈 벌기는 엄청나게 많은 노력을 필요로 해서 인생을 즐길 만한 시간을 갖기가 어렵다."고 얘기했다.
- [ ] 그 중 38퍼센트는 돈을 더 벌기 위해 자는 시간을 줄인다고 답변했다.
- [ ] 60퍼센트는 "일을 좀 늦추고 좀 더 편안하게 살고 싶다."라고 말했고, 오직 19퍼센트만이 "좀 더 신나고 빠른 삶"을 원한다고 대답했다.
- [ ] 답변자의 56퍼센트는 개인적인 관심거리나 취미를 갖기를 원했고, 89퍼센트의 사람들은 가족과 시간을 더 많이 가지는 것이 그들에게 중요하다는 데 동의했다.

지금 우리는 어떻게 하고 있나? 얼마나 많은 이들이 생존 경쟁에서 빠져나왔나? 그렇지 않다. 사람들은 여전히 더 많은 시간으로 더 많은 돈을 좇고 있다. 미국인의 평균 근무시간은 1년에 2000시간이다. 이는 1980년대 근무시간보다 2주나 더 많다! 그리고 현재 아이가 있는 보통의 중산층 부부는 10년 전보다 7주나 많은 3,918시간 일한다.

더 많은 돈이 함정이 되는 이유는 더 많은 소비, 더 많은 의무, 더 많은 걱정, 더 많은 복잡함, 더 많은 시간이 드는 돈 관리, 더 많은 욕망, 더 많은 근무시간 등으로 이어지고, 시간을 어떻게 쓸지에 대한 선택은 덜해져서 자립심과 삶의 에너지는 쇠퇴한다. 생활방식이 자신을 '일하는 기계'로 만드는 것이다.

얼마나 많은 집과 차를 가져야 심장마비나 우울증이 보상될까?

적은 돈으로 더 많은 에너지 얻기

조 도밍후에즈Joe Dominguez와 비키 로빈Vicki Robin은 그들의 베스트셀러 《돈 사용 설명서Your money or Your life》2에서 돈과 행복도에 대한 획기적인 발상을 서술했다. 그들이 말하는 핵심은 "돈은 인생의 에너지와 맞바꾸는 것이다."라는 주장이다.

돈을 벌기 위해 우리는 '진정한 인생의 에너지'인 시간을 판다. 살기 위한 노력이 삶을 소모시키는 것이다.

우리는 일하느라 얼마나 많은 삶의 에너지가 소진되고 있는지 늘 과소평가하지만, 되돌아오는 결과물은 과대평가한다. 이는 '굉장히 잘못된 거래'라고 도밍후에즈와 로빈은 지적한다.

"당신은 해야 하는 것보다 덜 일하고, 필요한 만큼보다 더 적게 돈을 벌고 있나? 아니면 만족하는 것보다 훨씬 더 많이 벌고 있나? 여분의 돈을 가져야 하는 목적은 무엇인가? 목적에 부합하지 않는다면, 좀 더 적게 일하면서 본인에게 중요한 일로 시간을 보내고 싶은가? 목적에 부합한다면, 직장에서 일하는 시간이 자신에게 즐거움을 가져다주고 본인이 생각하는 가치와 명백히 결부되는가? 그렇지 않다면 무엇을 바꿔야 하나?

돈과 일의 연결고리를 끊을 때야 말로 무엇이 당신의 진짜 일인지 발견할 수 있는 기회가 생긴다. 이는 어쩌면 지금 당신이 돈을 벌기 위해 하는 일과는 전혀 관계가 없을지도 모른다."

80/20 방법은 더 적은 노력으로 더 많은 삶의 에너지를 제공한다.

☐ 저축과 모은 돈으로 삶의 에너지를 돈과 맞바꾸는 걸 피할 수 있다. 투자해놓은 수익으로 불만족스러운 일을 통해 삶의 에너지가 소진되는 걸 막을 수 있다. 자기의 직업과 시간을 선택할 수 있고, 자신에게 중요한 일과 즐기는 일을 함으로써 삶의 에너지를 배가시킬 수 있다.

☐ 자신이 바라던 삶과 일하는 스타일에 보조금 형식으로 저축한 돈을 사용할 수 있다. 예컨대 1년에 6개월만 일하고 나머지 6개월은 세계여행을 하거나 가정사를 돌보는 데 시간을 쏟는 일 등을 말한다. 아니면 일주일에 3일만 근무하고 정기적으로 긴 주말을 보내는 것도 가능하다. 월급은 깎이지만 원하는 곳에서 일할 수 있고 스스로 주인이 된다.

돈이 자신의 인생을 지배하고 일에 스트레스 받고 불행하다고 느끼는 대신, 돈을 인생의 주도권을 다시 잡는 데 사용하면 된다.

우리는 가장 근심걱정 없고 창의적이며 만족스러울 때 에너지를 발산한다.

시간과 돈을 지혜롭게 활용하라. 적게 만듦으로써 멀리 갈 수 있다. 시간의 질과 가치는 자신이 조절할 수 있을 때 솟구친다. '성공'이란 스스로를 파괴하기도 한다. 자신의 홀로서기와 시간을 돈 벌기에 희생하면서 더 많은 돈이 더 행복하게 해준다고 믿는다. 하지만 그건 사실이 아니다. 우리가 고작 하는 일이라고는 삶의 에너지를 그 어느때보다 흥청망청 마구 낭비하고 있는 것이다.

80/20 방법이 그 막다른 길을 뚫을 것이다. 버는 돈이 많건 적건 저축하고 투자하면 돈은 증가할 것이다. 커리어보다는 인생 즐기기를 더 염두에 두고 상당한 돈이 모이면 홀로서기를 하며 자신에게 소중한 일들을 돌보면 된다.

'돈'에서 '이득'으로 가는 80/20 방법

1단계 : 자신의 80/20 목적지에 집중하라

자신이 도달하고픈 이상적인 목적지를 적어보는 일은 마법을 부린다. 1953년 예일대학교 졸업생 중에 오직 3퍼센트만이 자신들의 재정목표를 - 80/20 목적지와 유사한 - 정하고 그것을 적었다. 20년이 지난 후 연구자는 이 3퍼센트의 사람들이 나머지 97퍼센트의 사람들보다 훨씬 더 많은 돈을 번다는 것을 알아냈다. 오늘 당장 자신의 80/20 목적지를 적어보라! 이 목적지는 아래와 같은가?

- ☐ 돈 걱정으로부터 자유롭게 해주는가?
- ☐ 자신이 하고 싶은 일을 하고 원하는 삶을 가능하도록 해주는가?
- ☐ 집을 살 수 있을 만큼 충분한가?
- ☐ 생계를 위해 필요했던 두 개의 월급을 충당해주는가?
- ☐ 일정한 나이가 되면 재정적인 자립을 할 수 있고 투자해둔 자금으로 돈을 벌기 위해 일하지 않아도 생계를 꾸릴 수 있나?
- ☐ 백만장자가 될 수 있는가?
- ☐ 다른 목표는?

자신의 80/20 목적지가 스스로에게 중요한가? 그 이유는 무엇인가?

돈은 수단이지 결과가 아니다. 돈은 자유를 위한 것이지 노예로 살기 위해서가 아니고, 안전장치이지 걱정의 대상이 아니다. 돈이 자신에게 행복과 자유를 주지 않는다면 돈 모으기는 그냥 부담스러운 짐일 뿐이다.

분명해져라. 돈 걱정으로부터 자유로워지고 싶은가? 좋다! 그렇다면 그게 자신에게 무슨 의미인가? 6개월 동안 일하지 않고도 살 수 있다는 의미인가? 더 길게 2년 동안? 은행에 그만한 돈이 있는가?

월급이 적더라도 다른 직장으로 옮기길 간절히 원하나? 좋다! 그 직장은 어디인가? 정확히 보수가 얼마인가? 월마다 쓰이는 비용은 어떻게 할 것인가? 다행인 것은 비용을 훨씬 줄일 수 있는데, 예컨대 덜 비싼 옷을 사고, 교통비용을 줄이고, 뭐 아니면 좀 더 저렴한 지역에 살 수도 있다.

헬렌과 제임스는 20대 후반으로 변호사다. 그 둘은 직장에서 만나 사랑에 빠져 결혼하게 됐다. 그들은 소위 잘나가는 로펌 '불리 브레이크 & 데스매이Bullie Brake & Desmay'에서 일하면서 실력을 쌓고 있었다. 그러나 문제는 그들이 일과 회사를 싫어하는 데 있었다.

헬렌과 제임스의 80/20 목적지는 회사를 떠나 자녀를 낳는 것이었다. 헬렌은 회사에 은퇴할 때까지 남을 계획이었지만, 제임스는 보수는 적더라도 자선단체에서 법률 자문으로 일하고 싶어 했다. 그들은 어떻게 목적지에 닿을 수 있을까?

2단계 : 80/20 루트를 찾으라

복리이자로 인해 돈은 소수의 손에만 집중적으로 쥐어졌다. 그래서 오직 한 가지 방법, 충분한 돈을 모을 수 있는 실패 없는 80/20 루트 - 저축하고 투자하는 가장 쉬운 방법 - 만 있을 뿐이다.

물론 저축하는 어려운 방법들도 많이 있다. 예산 짜기도 그중 하나인데, 이 방법이 실패하는 이유는 종종 예상하지 못한 일들이 정해놓은 예산을 무용지물로 만들기 때문이다.

다행히도 쉬운 80/20 루트로 저축하는 방법이 있다.

● **사례**

에론의 손쉬운 저축의 비밀을 말하다

"돈을 저축한다는 아이디어가 마음에 들어." 에론이 엘리슨에게 말을 건넸다. "백만장자가 되지 못해도 내 집을 살 수 있는 예금 정도는 가지기 위해서지. 리처드가 알려줬듯이 그게 내 80/20 목적지야. 내가 도달하고 싶은 곳이지."

"하지만 '내가 어떻게 저축을 할 수 있지?' 하고 생각도 했었어. 어머니는 저축을 거의 하지 않았고 나 역시 마찬가지였으니까. 작년에 리처드가 저축하라고 조언했을 때, 나는 정말 그렇게 시도해봤어. 그렇게 하고 나니 월말에는 남는 돈이 거의 없었지. 그래서 '어떻게 저축을 할 수 있을까요?'라고 물었더니 리처드가 그 또한 방법이 있다고 알려줬어.

그는, '저축을 먼저 하게. 자신을 위해 먼저 지불하는 거지.' 라고 말했어. 그건 쓰기 전에 월급의 10퍼센트를 먼저 저축하라는 의미야. 월급날이면 자동적으로 저금해야 할 금액이 특별 저축계좌로 넘어가는 거지. 그 돈을 쓸 일도 없어. 벌써 저축했으니까.

그래서 내가 말했지. '이건 이전 방법과 다를 바가 없지 않나요? 이번엔 월초부터 쓸 돈이 부족해 돈이 빨리 없어진다고요. 월말이 되면 또 허덕이겠죠.' 그러자 리처드는 '아니다.'라고 말했지. 다르다고 말이야. 알게 될 거라고 그러더군.

그가 옳았어. 돈이 전혀 모자라지 않더라구. 주머니에 쓸 돈이 적으니까 적은 돈으로 버티게 되더라구. 정말 믿을 수 없어. 예전엔 나는 저축할 수 없을 거라고 확신했는데 여태껏 12개월 동안이나 저축했고, 영원히 계속할 수 있을 것 같아. 정말이야, 엘리슨! 너도 할 수 있어. 누구나 할 수 있지. 넌 단지 지금까지 돈을 보지 못한 거야. 너의 돈을 세금으로 많이 걷어가거나 니가 적게 번다고 생각한 거라구!"

헬렌과 제임스는 일단은 로펌에 남기로 결정하고 수입의 10퍼센트를 저축하고 투자해서 나중에는 자신들의 꿈을 이루기에 충분한 돈을 모으기로 했다. 얼마나 걸릴까?

둘의 월급을 합치면 한 달에 6,500달러이고, 세후 월급은 4,000달러 정도가 된다. 지금은 수입의 대부분을 다 쓰고 있고 따로 저축해놓은 돈도 없다.

그들은 만약에 제임스가 자선단체 법률 자문을 해주는 곳과 가까우면서 거주 비용이 좀 더 싼 지역으로 옮기면, 월세로 2,500달러를 지불하고 아기를 낳고도 살 수 있다고 계산했다. 자선단체에서는 제임스에게 월에 2,600달러를 지불할 여력밖에 없었고, 세금을 제하면 2,000달러 정도였다. 그래서 그들은 수입의 차이를 메우기 위해 한달에 500달러, 1년이면 6,000달러가 되는 금액만큼의 투자

수익이 필요했다.

그들은 60,000달러짜리 아파트를 구매해서 세를 주기로 계획했다. 수리 비용, 유지비 그리고 세금을 처리하고 나면 1년에 6,000달러의 수입이 된다. 그렇다면 그들에겐 인생을 바꿔줄 60,000달러의 저축이 필요하다.

둘 연봉의 10퍼센트는 7,800달러가 된다. 10퍼센트의 수익률로 투자를 한다면 6년 안에 66,000달러가 되고 5퍼센트의 수익률이라 하더라도 비과세로 투자한다면 7년째 되는 해에 거의 67,000달러를 모으게 된다.

필요한 돈을 모으는 기본적인 80/20 루트

월급을 받기 전에 수입의 10퍼센트를 저축계좌에 바로 이체될 수 있도록 설정하여 저축하고 투자하라.

되도록 빨리 하는 게 좋다. 지금 당장 시작하라!

솔직히 이는 조언을 필요로 하는 누구나에게 해줄 수 있는 충고의 거의 전부다. 이 방법이야 말로 돈 걱정을 끝낼 수 있는 가장 쉬운 방법이다. 다른 방법들은 그다지 강력하지 않다.

기본적인 80/20 루트 연마하기

자신의 목적지에 더 빨리 도달할 수 있을까?

☐ 어떤 투자도 신용카드 빚을 갚는 것보다 좋은 건 없다.

☐ 다음으로 가장 훌륭한 투자는 자신의 다른 채무도 역시 다 '청산'하는 것이다. 가장 비용이 많이 드는 것부터 시작하면 된다. 대출금 – 부동산 채권 – 도 이자율이 매우 낮다 해도 저축한 돈으로 대출금을 다 갚는 것보다 더 매혹적인 투자처를 찾기란 불가능하다.

☐ 신용카드를 줄여라. 적게 지출한다. 정 신용카드가 필요하면 체크카드를 발급받으면 된다. 그러면 은행에 돈이 들어 있는 만큼만 쓰게 된다.

☐ 물건을 구매할 때 좀 더 가려서 지출하라. 자신이 행복해지는 물건에만 소비하라. 즐거움의 80퍼센트 이상을 가져다주는 것에만 20퍼센트가 넘는 돈을 쓰고 나머지에는 절약하라.

☐ 스스로에게 질문하라. '이 물건을 사면 내가 정말 즐겁게 사용할 수 있을

까? 지출을 통해서 구입한 물건의 20퍼센트가 나에게 만족감의 80퍼센트를 가져다주는가?' 그게 아니라면 당장 소비를 그만두라. 그렇게 되면 자신 최고의 20퍼센트에 쓸 돈이 더 많아지고 더 많은 삶의 에너지 또한 갖게 된다. 돈을 벌려고 발버둥치며 애쓰지 않아도 된다.

☐ 가성비가 높은 물건을 고르라. 2년 된 자동차는 새 차의 95퍼센트만큼 성능을 가지고도 60퍼센트 저렴한 가격으로 살 수 있다. 중고 가구는 새것의 약 20퍼센트의 비용이다.

☐ 여분의 현금이 있다면 수입이 보장되거나 가치가 상승되는 자산을 구매하라. 예를 들면 대지, 부동산, 예술 작품 또는 소장가치가 있는 골동품 등이다. 어떤 것이든 본인이 좋아하고 즐거우면 그것을 고르면 된다.

☐ 월급 인상이 있으면 그 인상분의 절반은 저축하라. 은행의 이체 금액을 조정하면 된다.

☐ 매년 대청소하듯이 물건을 정리하라. 잡동사니는 버리고 작은 물건은 친구나 이웃에게 주거나 값나가는 물건은 팔아서 투자를 시작하라.

☐ 자신의 수입과 지출에 관한 월간 분석표를 그려보라. 자신의 수입과 지출 상황을 한눈에 알 수 있게 되어 지출은 줄일 수 있는 반면 수입은 늘도록 도와준다. [도표10]에 나와 있는 보기를 참고하라.

☐ 자신의 수입과 지출, 투자 수익 월간 분석표를 준비해서 투자 수익이 월간 지출과 일치하도록 계획하라. 이는 '재정 자립의 날'이 될 것이다. 더이상 생계를 위해 직장을 다니지 않아도 된다. [도표11]의 예를 보라.

☐ 돈이 지출되는 한 가지 항목을 없애라. 그만큼 기부하라. 이런 행위가 자

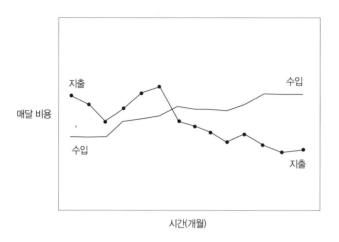

[도표10] 엘리자베스의 월간 수입과 지출

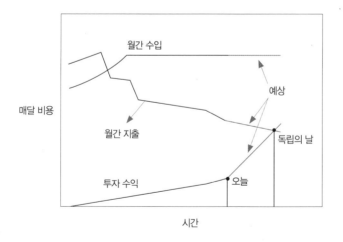

[도표11] 도나의 재정 자립 분석표

신에게 큰 기쁨을 안겨주기도 하지만 또한 신기하게도 수입을 증가시켜주기도 한다.

복리이자와 투자는 다른가?

복리이자 계산은 효과 만점이지만 오직 이자가 높은 저축계좌나 미래에 시세가 오를 만한 채권, 부동산, 또는 다른 자산 가치에 저축하고 투자할 때만 가능하다. 은행 상품들에 주의하라. 종종 은행은 부주의한 고객을 속이기도 하고, 소위 '고(高)이자'라고 소개하는 상품이 그렇지 않은 경우도 있다.

투자 수익률은 어느 정도가 합리적인가?

앞서 보여준 예시들은 5~10퍼센트의 연간 투자 수익을 가정한 것이다. 그럼에도 두 가지 주의사항을 당부하고자 한다. 첫째 반드시 세금을 피하라. 대부분의 국가에서 소액 저축가나 투자가를 위한 특별 세금 면제(비과세) 계좌들을 소개하고 있다. 이런 계좌들을 선택할 때도 꼼꼼히 잘 살펴봐야 한다.

두 번째는 우리는 인플레이션과 이자율이 낮은 시기에 살고 있다. 이로 인해 물건을 사들이고 심지어는 5퍼센트의 수익률이라도 건지려고 한다. 최고의 이자율을 제시하는 은행이라도 겨우 3~4퍼센트 정도밖에 되지 않는다. 다른 형태의 저위험군 투자도 고려해볼 만하다.

그렇다면 어디에 투자해야 하나?

최소 위험으로 연간 수익이 적어도 5퍼센트가 되는 장기 투자를 하는 것에 기본 목적을 둔다.

- [ ] 먼저 빚을 다 갚아라.

- [ ] 은행이 이자를 5퍼센트 혹은 그보다 더 많이 지급한다면, 위험요소가 없는 저축계좌에 투자하라.

- [ ] '채권' – 정부나 기업 – 에 투자한다면 '수익률'은 5퍼센트 이상이 되어야 한다.

- [ ] 적당한 부동산에 – 자가 주택이 될 수 있다 – 장기간, 직접 투자는 괜찮다.

- [ ] 장시간 동안 부동산 가격 – 대지 가격이 부동산에 밑도는 가격 – 은 연간 8퍼센트 상승했다. 대지 공급은 정해져 있지만 큰 집에 대한 욕구나 별장을 소유하는 등의 수요는 계속 증가하고 있는 반면, 가구당 인구수가 줄어들고 있는 추세이기 때문이다. 인구나 부가 증가되는 곳, 예컨대 가장 선호하고 인기 있는 미국의 몇몇 도시나 남부 유럽 또는 대도시화 되어 가는 어느 곳이든 대지는 장기 투자로 훌륭하다.

- [ ] 주식 거래에 대해서는 매우 신중하라. 오를 수도 있지만 떨어질 수도 있다. 충분한 자금으로 투자할 여력이 있다면 급격한 주식 시장 변동에 거의 영향을 받지 않는 헤지펀드를 고려해보라. 헤지펀드는 주식 시장의 등락에 좌우되는 기존의 뮤츄얼펀드보다 위험 부담이 낮고 더 매력적인 투자다.

☐ 배당금, 부동산, 그 외의 최신의 핫트랜드 상품(예를 들면 비트코인 같은) 등 최근 급부상하는 어떤 것도 주의하라. 거품은 붕괴된다. 가격이 내려가고 안정적으로 될 때까지 기다려라. 급하게 오르고 내리는 투자상품은 절대 구매하지 마라. 짧은 기간에 비록 수익률이 고작 5퍼센트만 난다 해도 안전한 투자를 고수하라.

☐ 자신의 비즈니스를 시작해야 하나? 대부분의 백만장자들은 새로운 벤처를 시작함으로써 부자가 되었다. 그렇지만 조심하라. 20개의 새로운 비즈니스 중에 오직 한 개만 살아남는다. 99퍼센트의 수익이 새로 시작한 그 1퍼센트에서 나오는 것일지도 모른다. 당신이 그 행운의 1퍼센트에 들게 될까?

☐ 저축한 돈에 기댈 정도가 된다면 오직 하나의 새로운 벤처에 투자하라. 모든 걸 잃을 수도 있는 위험을 감수하지 마라. 밤잠을 이룰 수 없다면 투자하지 마라. 슈퍼리치가 된다고 해서 그리 행복해지지도 않는다. 그저 혹독하고 잔인한 도박일 뿐이다.

☐ 새로운 비즈니스를 시작하는 데 열정을 쏟고 있다면, 초기 투자금을 잃어도 될 만큼 현금의 여유가 있을 때까지 기다려라. 아니면 소자본만 요하는 낮은 위험군의 벤처에 투자하라. 예를 들면 시장에 있는 작은 매장이나 잔디 깎는 일, 자동차 세차 등의 서비스 업종 또는 자신의 차를 이용한 배달 서비스 등도 괜찮다.

3단계 : 80/20 행동을 지금 당장 시작하라!

당신은 지금 교차로에 서 있다.

은행으로 달려가 월급의 10퍼센트를 저축계좌로 이체하라고 지시하고, 그다음엔 돈 걱정 없는 미래와 자신이 80/20 목적지에 다가가고 있다고 기대하면 된다.

아니면 그냥 아무것도 안 할 수도 있다.

자! 지금 시작하라. 처리하는 데는 5분도 채 걸리지 않는다. 그러면 남은 인생 동안 받는 혜택은 상상 그 이상일 것이다. 돈과 친구가 돼라! 인생의 에너지가 헤아릴 수 없을 만큼 향상된다.

돈 걱정으로부터 자유로워지는 것을 상상해보라. 적은 액수라도 괜찮다. 이런 사실이 자신을 어떻게 행복하게 해줄까? 돈이라는 새로 알게 된 친구와 더 깊어지고 우정을 쌓고 관계를 더 발전시켜서 인생에서 최고의 기쁨을 어떻게 더할 수 있을까? 진정한 사랑과 애정이 응집되고 그것을 경험할 때 돈과 물질에 대한 집착은 비로소 하찮게 된다.

적은 에너지로 더 효과적인
인간관계 만들기

"현대인들은 자신이 사랑하는 것들을 없애고 있다.
돈과 일이 먼저고 사랑하는 사람들은 그 뒤에 있을 뿐이다."
– 현대판 오스카 와일드Oscar Wild 패러디 –

계획은 눈부시게 진행되어 갔다. 아무것도 없던 황무지에다 신은
지상낙원을 만들어주었다. 풍요롭고 싱그러운 정원에는 계곡, 야
자수, 온갖 열매가 있는 나무들, 이국적인 새들하며 강아지, 고양
이, 말, 당나귀 그리고 잘 길들여진 원숭이 무리들로 가득 차 있었
다. 정원은 형형색색의 산으로 이루어져 있었고, 아담은 멀리서 푸
른 바다도 볼 수 있었다. 이 모두를 가진 뒤 그는 구불구불한 길을
따라 내려가서 동물들에게 인사를 건네고서는 그들에게 이름을 붙
여주고 과일을 맛보았고 따뜻한 햇살과 나무 아래의 그늘을 구분
해냈다. 그는 생애 처음으로 완벽히 편안하고 안정적이며 행복했
다. 자신이 해낸 것이다.

다음날 신이 커피 한 잔 하자며 나타났다.

"그래 자네 마음에 드는가?" 신이 물었다.

"그렇습니다." 아담이 답했다. "너무 훌륭합니다. 당신께서는 정말 멋진 일을 해내셨습니다. 저택과 뜰은 매우 아름답고 정원은 화려하지만, 무엇인가 부족하다는 느낌을 지울 수 없습니다. 그게 정확히 뭔지 모르겠습니다."

"아, 그런가!" 조물주가 탄식했다. "안그래도 내가 어젯밤에 곰곰이 생각해봤네. 자네 말이 맞으니 내가 이걸 바로 잡겠네."

"뭐 생각해놓으신 거라도 있으신가요?" 아담은 궁금했다.

"사랑하는 사람이 있다면 어떻겠나?" 조물주가 말했다.

21세기 버전이라면……

신은 에덴에 정원을 지어놓고 인간의 형상을 한 생명체를 만들었다. 강물이 에덴의 정원을 촉촉히 적셔주었고 신은 만들어놓은 인간을 그 정원에다 두고 보살폈다. 그러고는 신이 그에게 말했다. "너는 물고기와 새들 그리고 모든 만물을 다스리거라. 책임지고 잘 돌보고 너를 위해 그것들을 잡아 먹어도 좋다. 그것들이 잘 자라고 늘어나도록 잘 관리하거라." 신은 자신이 만들어놓은 것들을 둘러보고는 아주 훌륭하다고 생각했고 인간 역시 동의했다.

다음날 신이 인간에게 말했다. "혼자 지내는 건 좋지 않으니 사랑할 만한 여인을 만들어주마. 가족을 이루어 즐겁게 지내고 자식들을 낳아 키우도록 해라."

그러자 인간이 신에게 얘기했다. "오 신이시여, 다시 한 번 생각해주십시오. 당신께서는 일찍이 제게 정원 가꾸기와 동물 사육 그리고 바다의 물고기와 하늘의 새들을 관리하고 또 일반 환경 정책도 책임지라고 당부하셨습니다. 뿐만 아니라 저 역시 저를 위한 사냥, 낚시, 요리도 해야 합니다. 이건 정말 온종일 걸리는 일입니다. 물론 오해는 하지 마십시요. 저는 제 일을 무척이나 사랑하고 보람을 느끼며 정원일은 목가적이기까지 합니다. 하지만 제가 이런 일들을 다 해내면서도 사랑하고 가정을 꾸리고 관계를 이루는 시간이 있으리라 기대하십니까? 그건 너무 복잡해집니다. 이 얘기는 저와 신 둘 사이에만 남겨두도록 하죠. 그렇지 않습니까?"

신은 머리를 긁적거리며 세상이 어찌 되어 가는지 혼란스러웠다.

"인생에는 단 한 가지의 행복만 있을 뿐이다. 사랑하고 또 사랑받는 일."이라고 조지 샌드George Sand는 말했다. 가장 위대한 심리학자로 추앙받는 칼 구스타프 융Carl Gustav Jung은 이렇게 서술했다. "우리는 자신을 진실로 이해해줄 타인을 필요로 한다." 이는 우리가 관계를 통해서 인생의 의미를 깨닫기 때문일 것이다.

하지만 여기에는 반전이 있다. 현대의 삶은 사랑과 인간관계를 찾고 가꾸고 유지하기가 점점 더 어려워지고 있는데, 정작 우리는 이를 인식하지 못하고 대부분 거부감 없이 질 낮은 대량의 관계를

선택하고 있다. 많은 관계를 맺고 있지만 그런 관계들이 별다른 큰
의미는 없다. 로맨틱한 관계 역시 좀 더 위태로워지고 있고, 제 짝
을 찾기 힘들어지기까지 한 지경이다.

급한 업무 처리와 개인용 컴퓨터, 이메일, 스마트폰 등의 현대 기
술에 가족의 삶이 뺏기는 걸 우리 모두 이미 알고 있다. 이런 트렌
드는 가장 두드러진 현상이다. 20년 전만 하더라도 미국의 결혼한
가정의 절반은 '대개 가족 전체가 식사를 같이 한다'라고 말했지만,
지금은 3분의 1정도만이 그렇다고 말한다. 더 많은 여성들이 직업
을 가지고 일을 하고 있고, 결혼하는 사람들은 더 적어지고, 결혼한
커플들은 아이를 적게 낳고, 미혼모의 수는 증가하고 있다. 대가족
을 이루고자 하는 욕망은 이미 쇠퇴했고, 이혼율은 급증했으며, 부
모와 아이들이 같이 보내는 시간은 급격히 줄어들었다.

경제적인 압박은 가중되고, 돈 관련된 교활한 속임수가 판을 치
는 추세고, 다른 모든 고정비용을 줄이는 것처럼 가족 구성원과 자
녀들의 수 역시 감소하고 있다.

앞으로의 비즈니스 전망은 점점 더 많은 가족이 점점 더 많은 역
할, 예를 들면 애 돌보기, 음식 준비, 요리, 청소, 정원 손질, 아이들
생일 파티 계획, 늙고 병든 가족 돌보기 등, 종전에는 가족의 관계
를 끈끈히 연결해주었던 일련의 가족 활동을 전문 업체에 의뢰할
것으로 예측된다.

대부분의 가족들은 적어도 2명은 일을 해야 본인들의 생활 수준

을 유지할 수 있다. 빠른 출세길에 올라타기 위해 부부가 함께 일하면서 의례히 해온 가족으로서 책임지는 일을 하기는 더 힘들어지고 요원해진다.

● 사례

밥과 제인

내 절친 밥과 제인을 소개하고자 한다. 둘 다 유쾌한 성격으로 일 때문에 정신없이 바쁘고 세계 곳곳을 다니고 있었다. 처음 만났을 때 그들은 아홉 살 엠마와 열한 살 앤, 사랑스러운 두 딸과 개 한 마리 그리고 큰 집 두 채를 가지고 있었다. 둘 다 가사일을 분담하며 돕고 있었고 대부분 친구들이 밥과 제인 둘 다의 친구들이었다. 제인이 브라질로 발령났을 때, 그녀는 아이 둘을 데리고 가기로 하고 밥은 연휴나 격주로 제인을 만나러 가기로 했다. 잘 되어 가는 듯 보였지만, 나는 각자 시간에 맞는 다른 요구사항이 주는 스트레스에 대해 살짝 걱정을 하고 있었다. 그들의 관계가 소원해지지는 않을까?

8년 뒤 엄청난 상처와 후회만 남긴 채 그들은 이혼했다. 여전히 친구로는 남아있지만. 이혼해서 그들이 더 행복할까? 잘 모르겠다. 그 둘은 사이가 좋았고 서로를 격려해가며 아이들도 잘 키웠었다. 달라질 수 있었을까?

확신할 수는 없지만 일이 그토록 힘들지 않았거나 또는 지금처럼 그들이 80/20 방법을 따르면서 강도 높은 일을 좀 덜했더라면, 그들은 헤어지지 않았을 거라 생각한다. 적어도 이 가족, 네 사람이 더 행복했을 것이다.

더 많은 인간관계가 행복을 더해줄까?

카네기멜론대학교의 연구자들은 지역의 169쌍의 커플을 무작위로 선정해 2년 동안 그들의 인터넷 사용 내역을 조사해서 그것이 행복과 인간관계에 미치는 효과를 연구했다. 컴퓨터와 소프트웨어 회사의 지원을 받아 실시한 이 연구의 종사자들은 온라인상에서 형성된 다양하고 풍부한 인간관계가 사회적인 고립을 감소시키고 웰빙을 더 증가시킬 것이라 자신감을 나타냈다.

그러나 연구를 지원한 스폰서 업체와 조사자들 모두 결과를 보고 놀라고 당황했다. 인터넷상에서 인간관계를 더 많이 구축할수록, 또 온라인에서 더 많은 시간을 보내는 사람들일수록 더 외롭고 우울하다는 결과가 나왔기 때문이다. 이는 맞는 얘기다. 이메일이나 채팅방은 인간관계를 양적으로는 늘리지만 이런 관계들은 매우 얕고 정작 중요한 가족이나 친구들과 보내야 하는 시간을 앗아간다.

적은 수의 사람이라도 집중적인 관계를 맺고 직접 대면하는 것이 안정감과 행복에 필수적이라고 밝혀지고 있다. 과유불급! 곧 적은 것이 더 낫다는 얘기다.

덜 끈끈하더라도 양이 많은 인간관계의 추세가 오늘날 소위 '(겉으로 보기에만) 승리자들'에게 가장 예민한 문제일 것이다. 돈은 많으나 시간에 쫓기면서도 그걸 신봉하는 사람들은 인간관계를 구매한다. 애정 행위를 의미하는 것이 아니라 내가 아는 많은 지인들이 갑자기 부자가 되자 결혼생활이 급격히 나빠지곤 하는데, 군이 불륜과 연관이 없더라도 그런 경우가 왕왕 일어난다. (많은 돈을 가지고 더 많은 인간관계를 원할 뿐, '더 많은 것이 오히려 더 적다'라는 것을 깨닫지 못하는 이치와 같다.)

내가 하고자 하는 말의 의미는, 승리자들은 엄청난 수의 전문적인 서비스 제공자들과 계약을 맺듯 인간관계를 맺고 있다. 개인 트레이너, 개인 비서, 개인 코치, 발 관리사, 정신과 의사, 마사지 테라피스트, 음식 관리사, 최면술사, 아로마 테라피스트, 테니스 코치, 의사소통 조언가, 영적 지도자, 기타 등등.

"자기 자신에게 잘 해주세요."라고 그들은 말한다. 마케팅 문구가 통하는 것이다. 예를 들면 1990과 2000년 사이에 미국의 개인 트레이너의 수는 두 배 증가한 100,000명을 넘었다. 내가 경영 컨설턴트로 일할 당시 우리 회사는 기업의 CEO들과 개인적인 유대를 돈독히 한 다음 그 세를 확장하는 방식에 초점을 맞췄다.

출세한 사람들은 가정에서 보내는 시간이 거의 없기 때문에 자신의 직함에 걸맞도록 편리하게 짜여 있고 해결하기 쉬운 일처리를 선호한다. 개인 서비스 제공자가 돈벌이 하는 가장의 비위를 맞추는 동안, 집안일을 돕는 조력자들이 가족 돌보는 일을 맡는다.

이 모두는 엄청나게 잘못된 일이다. 물론 전문적인 서비스 제공자들은 대가에 상응하는 서비스를 제공한다. 그러나 넘침이 오히려 더 부족함이듯 이런 상업적인 관계가 행복에 필수적인 근본적인 관계들을 대체하고 있는 것이다.

전문 서비스 제공자에게만 이로울 뿐, 모두가 잃는 것이다.

그렇다면 왜 더 많은 풍족함이 더 많은 행복으로 해석되지 않는가? 왜 번영이 개인적인 그리고 사회적인 관계를 갉아먹는가? 이는 부 그 자체도 아니고, 마찬가지로 평등, 편안함의 증대, 건강관리, 인간의 자유와 안전감을 향상시켜주는 지식, 그리고 관대함 등도 아니다. 그보다는 우리가 생각하고 행동하는 방식, 즉 더 깊은 곳에 이유가 있다.

우리는 철저하게 많은 것으로 더 많이 이루려는 관념에 사로잡혀 있다. 더 많은 돈, 더 많은 물건, 더 많은 친구, 더 많은 섹스, 더 많은 관심, 더 많은 안락함, 더 많은 집, 더 많은 여행, 더 많은 기계 그리고 더 많은 사회적 인지도 등등 말이다. 우리는 이런 갈망에 기꺼이 값을 치를 준비가 되어 있다. 더 걱정하고 더 많은 시간과 더 많은 관심, 더 많은 에너지가 - 솔직히 자신의 정신과 자기 자신마저 - 더 많은 것을 얻으려고 투자하거나 지불하는 데 쓰이고 있다.

반면 경제는 잘 돌아간다. 왜냐하면 경제는 다른 원칙, 바로 적은 것으로 많은 것을 이뤄내는 것을 따르고 있기 때문이다. 경제적인 생활이란 적은 것으로 많을 것을 이루는, 즉 더 낫고 더 빠르지만 더 값싼 물건과 서비스를 지속적으로 추구하는 것을 말한다. 적은 것으로 더 많이 만들어내는 것이다.

인간의 행복 – 진정한 개인적 성공처럼 – 역시 똑같은 법칙이 적용된다. 적은 것이 더 많은 것이고, 적은 것으로 더 많이 이루도록 되어 있다. 양과 질은 서로 대체할 수 없다. 더 많음은 더 질나쁨의 의미와 마찬가지다. 무엇이 자기 자신에게 진정으로 중요한가 – 자신이 정말 소중하게 여기는 사람, 관계, 활동, 이유 등 – 에 집중하는 것만이 자신을 중심에 서게 하고 진실되고 강하고 사랑하고 또 사랑받도록 만들어준다. 그 외에 다른 방법은 없다.

관계와 삶에서 적은 것으로 많은 것을 즐기는 방법은 간단하다.

□ 직장생활에서 적은 것으로 많은 것을 만들어내라. 가족과 개인의 삶을 할애하지 않고도 적은 시간으로 더 많은 돈과 즐거움을 얻을 수 있다.

□ 절약함으로써 적은 것으로 많은 것을 얻게 된다. 그래서 멀지 않은 시간 내에 생활에 보탬이 되는 투자 수익이 발생해서 자신이 원하는 생활이 가능하고 몹시 고된 직업에 매달리지 않아도 된다.

□ 적은 것이 더 많은 것이라는 데 초점을 맞추라. 자신의 행복에 있어 무엇이 중요한지 알면, – 직업적 만족, 개인의 목적, 무엇보다 극소수의 매우 친밀한 관계 – 이것들이 충분한 여유 시간과 정서적인 결속감을 넉넉히 보상할 것이다.

인간관계의 질 vs. 양

확실히 만족스러운 인간관계의 80퍼센트는 관계의 20퍼센트나 그보다 더 적은 인간관계에서 나온다.

희소식 : 몇몇 핵심 인간관계에만 관심을 두면 된다. 별로 중요하지 않은 관계는 그리 신경 쓰지 않아도 된다.

행복감을 끌어올릴 행동 : 대부분의 시간, 에너지, 관심, 창의성 그리고 상상력을 아주 중요한 몇 명의 인간관계에만 쏟아부어라.

자신에게 가장 중요한 인간관계와 행복을 가져다주는 몇 가지에 에너지의 얼마 정도를 들이는지 자문하라. 아마도 이런 핵심 인간관계의 20퍼센트에 쏟는 에너지가 본인이 인간관계에 쏟는 에너지의 20퍼센트를 넘게 차지할 것이다. 그렇다면 얼마나 높이 끌어올려야 하는가? 40퍼센트? 60퍼센트? 아직도 자신의 '인간관계 에너지'의 80퍼센트를 주요 인간관계의 20퍼센트에 쓰지 않고 있다면, 그렇게 함으로써 자신의 행복감이 증가하도록 해야 한다.

희소식 : '인간관계 에너지'의 총량을 증가시키지 않고 간단히 핵심 인간관계에 에너지를 집중시키는 것만으로도 행복감은 더할 수 있다.

행복감을 끌어올릴 행동 : 에너지의 방향을 바꿔서 적어도 '인간 관계 에너지'의 80퍼센트가 자신의 핵심 인간관계에 쓰이도록 한다.

우리는 단지 소수의 몇 사람만을 잘 보살필 수 있다. 우리 스스로가 자신의 인생에 중요한 사람들을 정할 수 있을 뿐, 아무도 당신을 대신해 그렇게 해줄 사람은 없다.

양과 질의 궁극적인 교환은 우리에게 행복을 줄 수 있는 한 가지 관계에서만 이루어질 수 있다.

사랑할 누군가

심리학자 디너(Diener)와 셀리그먼(Seligman)의 연구에 의하면, 단한 가지 경우만 제외하고 상위 10퍼센트의 사람들만이 로맨틱한 관계에서 몹시 행복하다고 전했다. 또 다른 연구 결과는 미국의 결혼한 커플의 40퍼센트만이 매우 행복하다고 나타났고, 결혼을 하지 않은 이들 가운데 '매우 행복'하다고 대답한 사람은 23퍼센트였다. 많은 이들에게 자신에게 맞는 배우자를 찾는 것이 행복으로 가는 길임에 틀림없다. 그런데도 우리가 배우자를 찾는 데 들이는 시간, 노력, 정보 등은 턱없이 제한적이다.

예전엔 대부분의 로맨스가 대개 이웃이거나 친구 사이 아니면

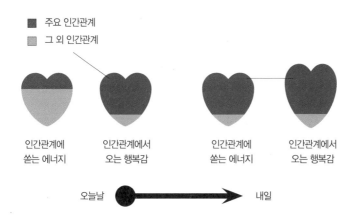

[도표11] 핵심 인간관계로 에너지 옮기기

■ 주요 인간관계
□ 그 외 인간관계

인간관계에
쏟는 에너지

인간관계에서
오는 행복감

인간관계에
쏟는 에너지

인간관계에서
오는 행복감

오늘날   내일

직장 동료 사이에 싹텄다. 또한 많은 사람들이 '버스 정류장' 사랑에 가슴 설레기도 했다. 사람들은 다가와주는 이를 첫사랑으로 맞이했다.

그들은 사랑으로 사랑에 빠졌다.

첫눈에 반하는 경우는 대부분 성사되지 못한다. 평생을 같이 할 배우자를 성적 매력이나 잠자리 능력만 보고 정하는 건 마치 질 것이 뻔한 내기를 하는 것과 같다. 물론 섹스는 좋은 것이지만 단시일 내에 그런 매력은 시들해진다. 오래가는 관계는 더 많은 것을 필요로 한다.

진실한 사랑은 – 상호 존중과 즐거움 – 산을 움직일 수도 있고 심지어 전혀 안 어울릴 것 같은 인간관계 역시 잘 풀리도록 만든다. 로맨틱만을 추구하는 사랑은 그리 오래 지속되지 못한다. 그래서 오랫동안 행복하려면 다음의 4가지 본질을 상기해야 한다.

다른 사람들을 신뢰하고 또 그들이 당신을 신뢰하도록 하라
세 부류의 사람들이 있다.

☐ 친밀감과 믿음을 주는 안정적인 사람들

☐ 보살핌이 필요하고 주도적이지 못해서 친밀감과 약속을 회피하는 사람들

☐ 사랑에 대해 확신이 없고 사랑하는 사람의 의사에 상관없이 충동적으로 보살핌을 베푸는 근심걱정에 사로잡힌 사람들

몇 분 동안 곰곰이 생각해보면 자신과 자신의 파트너가 어떤 부류에 속하는지 알 수 있다.[1] 두 명의 안정적인 개인이라면 앞으로 성공적인 관계를 이룰 것이라는 전망이 매우 밝다. 만약에 한 쪽만 안정적이고 다른 쪽은 그렇지 못해도 여전히 온당하다고 할 수 있다. 그렇지만 둘 다 안정적이지 못하다면 관계의 전망은 그리 밝지 못하다.

자신이 그리 안정적이지 못하다면 행복을 길게 유지하기 위해서 반드시 안정적인 사람을 선택해야 한다.

긍정적이기

당신과 배우자는 먹구름(비관)을 찾고 있나 아니면 구름에 가려진 은빛 줄기(낙관)를 찾고 있나? 일이 꼬여 잘 안 풀릴 때면 긍정적인 사람들은 그것을 잠시 지나가는 것으로 생각하거나 아니면 '오늘 보스가 기분이 안 좋네.' 혹은 '지난 밤에 잠을 설쳤더니 기분이 안 좋네.'와 같이 특정한 이유를 찾는다. 반면 부정적인 사람들은 문제가 고질적이고 영원하다고 생각하고 '난 내 일을 잘 해내지 못해.' 라거나 '그 문제는 절대 해결되지 못할 거야.'라고 치부한다.

긍정적인 마인드를 가진 배우자를 선택하라. 아니면 긍정적인 마음가짐을 기꺼이 배우고자 한다면 그 역시 가능하다.

배우자와의 거친 말싸움과 비난을 피하는 능력

존 고트먼John Gottman 교수는 '사랑 연구실'을 통해 배우자들의 행동을 관찰했다. 그는 10번 중에 9번을 누가 이혼할지 정확하게 알아맞혔다. 고트먼은 빈번하고 난폭한 말싸움, 배우자의 개인적인 취향에 대한 비난, 경멸감 드러내기, 냉정하게 대하거나 무시하는 태도, 그리고 비난하는 걸 받아들이지 못하는 행동 등이 위험 신호라고 말했다.

결혼 약속을 하지 않은 상태에서 당신이 파트너와 가까워졌다면, 반드시 시험 기간을 갖도록 하라. 위의 고트먼의 위험 신호를 감지했다면, 배우자와의 관계를 재고해보는 것이 현명하다.

기본적인 가치에의 동의

기본적인 이슈들에 대해, 예를 들자면 정직함, 돈, 배려 그리고 본인이 생각하는 중요한 어떤 것도 자신과 같은 가치관을 가진 사람을 선택하라.

배우자가 될 사람은 신중히 그리고 꼼꼼히 생각해보고 고르라. 무작정 사귀는 사이로 흘러가지 마라. 상대방이 자신과 잘 맞는 사람인지 폭넓게 알아보는 것 역시 중요하다. 당신이 파트너에게서 원하는 가장 중요한 자질들이 무엇인지 인지하라. 결혼이나 미래를 약속하기 전에 관계 유지가 잘 되어 가는지 살피면서 천천히 시간을 가져라. 사랑의 서약을 위해서는 수많은 단계와 변이가 있으므로 너무 서두르면 안 된다. 확신은 자연스럽게 발전되는 것이다.

어떠한 관계에서도 몇 가지 중요한 요건이 있다. 대부분 우리들은 그런 요건들이 무엇인지 알아보지 않고서 대충 어림짐작으로 행동하고 아무 소용도 없는 것에 자신의 에너지의 대부분을 낭비한다.

희소식 : 몇 가지에만 초점을 맞추면 인간관계에서 성공과 실패를 가르는 모든 차이를 만들어낼 수 있다.

행복감을 끌어올리는 행동 : 각각의 핵심 관계에서 최고의 행복을 이끌어낼 수 있는 몇 가지 행동을 파악하라. 그런 행동에 공들이라.

한 현명한 친구가 나에게 이런 얘기를 해주었다.

"우리 모두는 다 다르다. 아내에게 중요한 것들이 나에게는 그리 대수롭지 않은 것들일 수 있고, 그 반대의 경우도 별반 다르지 않다. 결혼에서 이 문제가 아내에게는 매우 큰일이었다. 그녀는 내가 항상 정해진 시간에 맞춰 집에 오길 원했고, 나에게 의지할 수 있기를 바랐다. 꽃을 사랑하고 내가 그녀의 계획을 늘 응원해주기를 기대했으며 깜짝 이벤트 역시 좋아했다.

이런 일들이 그녀가 나에게서 가장 원하는 것들이 아닐 수도 있다. 그녀를 로맨틱한 저녁식사에 데려갈 수도 있고, 좋아하는 자동차를 선물할 수도, 또는 멋진 휴가를 떠날 수도 있다. 그렇다 하더라도 그녀가 가장 의미를 두는 몇 가지 요구사항조차 지키지 못한다면 그녀를 행복하게 만들 수 없는 노릇이다."

다른 사람들을 위한다면서 자신이 좋아하는 일을 하지 마라. 배우자가 원하는 것을 하라.

또 다른 커플은 결혼생활에 문제가 많았다. 툭 털어놓고 얘기하는 시간에 부인은 솔직히 얘기했다. "매주 한 번이나 두 번 정도 피터가 꽃다발을 선물해준다면 저는 피터를 위해 뭐라도 할 거예요. 근데 남편을 그걸 모르고 있죠."

이 얼마나 안타깝고 딱한가! 상황에 맞는 행동을 하는 데 약간의 노력만 들이면 그 보상은 엄청난데 말이다. 단지 배우자가 원하는 간단한 요구사항들도 서로 지키지 못해서 얼마나 많은 결혼한 부부들 사이가 무미건조하고 사랑 없는 상태로 변할까? 그렇지만 사랑이 다시 솟아오르면 멈출 수 없고 흘러넘치게 되기도 한다.

행복한 가족

남아메리카가 서양 세력에 정복되기 바로 직전, 페루의 인디언들은 수평선에 떠 있는 스페인 선박을 발견했다. 배가 어떻게 생겼는지 모른 채 여기에 군인들이 타고 있다는 것도 눈치채지 못했다. 인디언들은 선박을 보고도 날씨가 만들어낸 이상 현상일 뿐이라 여기고 위험 신호를 무시했다.

우리 역시 자신이 원하는 것이 무엇인지 모른다면 인생을 살아가는 데 꼭 필요한 지식을 스스로 외면하는 것이다. 사람들의 관계에는 무조건 로맨틱한 관계만 있는 것이 아니다. 자신에게 소중한 사람들에는 자식들도 포함된다. 하지만 안타깝게도 행복하지 못한 어린시절을 보낸 이들은 대개 부모로서도 같은 패턴을 반복하는데, 행복한 가정의 모습이 어떤지 그들 스스로 모르기 때문이다.

> "행복한 가정은 모두 비슷하지만
> 불행한 가정은 각자 그들만의 이유로 불행하다."
> – 톨스토이《안나 카레니나》중에서 –

행복한 가족에게는 우리가 본받을 만한 공식이 있다.

행복한 가정은 '사랑의 연결고리'를 실천한다

모든 부모들이 자식을 사랑하겠지만, 행복한 가정의 부모들은 늘 사랑을 보여준다.

자식 키우기는 힘들다. 가족의 삶의 명암은 두 갈래로 나뉜다.

한 가지는 하향 곡선이다. 아기는 소리를 지르며 울고, 아이들은 물건을 부수고 있고, 재난 수준의 일이 벌어진다. 잔뜩 스트레스를 받은 부모들은 아이들을 다그치거나 벌을 준다. 그러자 아이들은 더 소리내어 울고 상황은 더욱더 나빠져만 간다.

다른 길은 상향 곡선이다. 아이들은 귀엽고 모험심이 강하고 웃고 있다. 또한 배우고 관심 받길 좋아한다. 엄마가 그냥 옆에 있기만 해도 아이들은 안정감을 느끼고 행복해한다. 부모는 아이들이 대견하고 작은 사랑의 행위를 몸소 보여주자 아이들은 더욱더 신나고 해맑아진다. 이를 본 부모의 마음엔 더 깊은 애정이 샘솟고, 계속 그렇게 반복된다.

모든 가족에게 이 두 곡선이 번갈아 나타나지만, 행복한 가정에서는 상향 곡선이 하향 곡선보다 더 지배적이다. 시간이 지날수록 행복한 가정에서 자란 아이들은 더 정서적인 안정을 누리고 만족감을 느껴서 상향 곡선을 더 강화시킨다.

대개 부모들은 가족을 이루고 첫 아이가 태어나면서 가족의 전반적인 분위기를 조성한다. 상향 곡선의 분위기를 형성하고 강화함으로써 하향 곡선의 침울한 분위기를 해소해서 부모들은 천천히 그러나 확실하게 행복한 가족의 형태를 형성해간다.

초기에 보여주는 부모의 사랑에 대한 보상은 이루 말할 수 없이 크다. 비교적 적은 노력으로 아이에게나 가족 전체에 엄청난 이로움으로 되돌아온다.

행복한 가족은 부정적인 피드백보다 긍정적인 피드백을 더 많이 활용한다

조사자들은 학교에서 교사들이 대체로 좋은 성적엔 칭찬을, 나쁜 행동에는 꾸지람을 내린다는 사실에 주목했다. 그래서 한 가지 실험을 위해 교사들에게 좋은 성적과 착한 행동에는 칭찬을 하도록 하고, 반면 나쁜 행동은 무시하라고 당부했다. 그러자 금세 나쁜 행동이 사라졌다.

가정에서 역시 칭찬이 꾸지람보다는 더 효과적이고 집안 분위기를 상향 곡선으로 만든다. 80/20 방법은 그야말로 칭찬을 찬양한다. 칭찬은 쉬우면서도 아이의 인생 전반에 걸쳐 지대한 영향을 미치기 때문이다. 마치 화초에 물이 필요하듯이 아이들의 성장에 칭찬은 필수적이다. 총명하고 심성이 착한 아이들은 일생 동안 다른 사람들에게 긍정적인 영향을 미칠 것이다. 지금 아이들에게 해준 사소한 칭찬도 엄청난 지속력을 가진 이로움으로 되돌아온다.

당신이나 당신의 배우자가 아이들에게 "그래." 또는 "안 돼."를 몇 번이나 했는지 생각해보라. "안 돼."보다는 "그래."라는 말을 더 많이 하려고 의식적으로 노력해보고, 일주일 후에 다시 횟수를 세어보라. 그래서 만들어진 변화들을 살펴보라.

행복한 가정의 부모들은 시간에 늘 여유 있고 관대하다

부모와 자식 사이의 끈끈한 유대는 일생 동안 안정감과 행복감을 가져다준다.

아이들은 '양질의 시간'이라는 개념을 이해하지 못하고 마냥 관심 받기만을 원한다. 아이들의 생각이 맞다. 80/20 방법은 더 많은 보살핌과 사랑을 자신에게 가장 소중한 사람들에게 쏟는 것이다. 한 아이와 전적으로 시간을 보내는 것은 시간을 잘 쓰는 것으로 아이에게나 나머지 가족 구성원 그리고 사회에도 큰 이득이 된다.

아이와 놀아줄 시간이 없다면 다른 곳에 가 있거나 눈에 띄지 않으면 된다. 부재는 수용되나 있으면서도 너무 바쁜 나머지 아이들을 등한시하는 건 받아들이기 힘들기 때문이다.

행복한 가정에는 서로 협력하고 사랑하는 부부가 있다

아이들은 약삭빠르면서도 노련한 협상가들이다. 양쪽 부모의 눈치를 살핀 다음 자신들에게 유리한 쪽을 택한다. 말싸움을 붙이고, 때로는 불난 집에 부채질하기도 한다.

어떤 경우라도 그런 언쟁이나 다툼은 잠재우라. 부모는 서로를 사랑하고 있다는 걸 항상 보여줘야 한다. 설령 자신들이 화가 나 있더라도 말이다. 언짢음을 이겨내기 위해 사랑을 강요해도 그 보상으로 당신은 더 행복해질 것이다.

행복한 가족은 고난이나 다루기 힘든 아이가 있어도 잘 헤쳐나갈 수 있다

그렇다고 해서 행복한 가족이 불행한 가족보다 더 편한 시간만 있는 것은 아니다. 그보다는 그들은 어려운 난관을 더 잘 헤쳐나간다는 데 핵심이 있다.

자식이 있다면 그 자식이 다루기 힘든 자식일 수 있다는 가능성을 염두에 두라. 아이들은 예측 불가능한 자유로운 영혼들로 언제든 당신을 뒷목잡게 만들 수도 있다.

한 지인에게 매우 힘든 아들이 있었지만, 부모들은 그 아이를 아주 잘 다뤘다. 그들에게 어떻게 했는지 물었다.

"우리는 좋은 부모 되기 수업에 참여했습니다."라고 부친이 말했다. "교육자들은 문제를 세 가지 유형으로 나누더군요. 부모나 나머지 가족들 때문에 생기는 문제와 아이와 가족이 같이 결부되어 생긴 문제, 그리고 가족과는 상관없는 아이 자신만의 문제가 있습니다. 각각의 문제에는 다른 해결 방법이 요구되죠."

"상담을 받았을 때……" 그의 아내가 말했다. "우리의 가장 큰 문제는 아이 자신의 문제로부터 나온다는 사실을 알아냈지요. 찰스(아들)에게 문제가 생겼을 때, 우리는 아들을 응대하는 방법을 바꾸도록 교육 받았습니다. 우린 아들에게 해결점을 제안할 뿐 결정은 아들이 하도록 내버려뒀지요. 이런 방법으로 우리는 가족간의 다툼을 4분의 3 정도 줄였습니다. 가족이 다시 행복하게 됐죠. 우리가 아들에게 뭘 해야 될지 말하지 않으니 아들 역시 행복해했습니다."

행복한 가족은 훈육시키지만 결코 사랑을 배제하지 않는다

벌주기는 효과 만점이다. 오직 받아들여지는 행동의 한계가 확실할 때에만 그렇다. 그래서 아이들은 자신이 무엇 때문에 벌을 받는지 알 수 있다. 잠시 동안 아이에게 주었던 특권을 거두는 행위도 효과적이면서 무해하다. 벌을 줄 때에는 반드시 그에 따른 행동의 결과로 벌주는 것이지 아이의 성격 때문이 아님을 항상 분명히 해야 된다. 아이가 잘못했다 하더라도 인자함, 사랑, 친근감을 저버려서는 안 된다.

일부 친구들은 이 방법을 매우 어렵게 터득하는 이들도 있었다. 이제 10대 후반이 되는 영리하면서도 훈남인 아들 둘을 키우는 친구가 있었다. 하지만 작은 아들 다니엘은 사고를 치고 다니고 가족과 사이가 좋지 않았다.

다니엘이 열한 살이었을 때, 그는 돈을 훔쳐서 그 사실을 순진한 학교 친구에게 뒤집어씌웠다. 다니엘의 엄마는 이 일로 극단의 조치가 필요하다고 느끼고 다니엘에 대한 자신의 사랑을 모두 차단했다. 한 달 동안 그녀는 다니엘과 대화하길 거부했고, 그와 그 어떤 것도 같이 하지 않았다.

그녀의 행동에 대한 결과는 그야말로 참담했다. 그녀가 자신의 실수를 깨닫고는 5년에 걸쳐 사랑과 관심, 친밀한 행동으로 그간의 시간을 만회하려 했지만, 가장 힘든 시기 동안 사랑의 부재를 겪은 다니엘과 그 외 가족들은 여전히 중대한 문제를 겪고 있다.

벌주기는 유일한, 그리고 최선의 훈육 방법이 될 수 없다. 울고 떼쓰고 칭얼거리는 아이를 볼 때면 벌을 주거나 아니면 평화롭기 위해 아이의 요구를 들어주고 싶은 충동을 느끼기도 한다. 하지만 그 대신 아이들에게 징징거리기보다는 '웃는 얼굴'이 더 예쁘다고 말해주는 게 더 낫지 않을까. 부모가 아이에게 네 살 때부터는 소리 지르면서 떼쓰기보다 웃는 얼굴을 더 예뻐한다고 알려준다면, 아이들이 나중에 어떻게 행동할지 짐작해보라!

행복한 가족은 베드타임 스토리로 '최고의 시간'을 나눈다

아이들이 잠들기 전 10~20분은 가장 중요하고 영향력이 크다. 적당한 스토리를 들려주는 건 애정을 드러내는 행위이자 아이들이 자면서 꿈꾸기 좋은 소재거리도 된다.

한 친구의 아이는 아빠가 들려주는 베드타임 스토리를 정말 좋아했는데, 아이의 아빠는 늘 스토리를 바꾸고 아이들을 그 스토리의 주인공으로 등장시켰기 때문에 인기 만점이었다. 스토리를 미리 연습해보거나 잘 하는 친구에게 조언을 구하면 된다.

아이들에게 "오늘 뭘 하고 싶니?"라고 물어보는 것 또한 좋은 아이디어이다. 아이들이 좋은 기억을 간직하면서 편안하고 행복한 마음으로 잠자리에 들 것이다. 일부 심리학자들은 이런 행위가 아이들이 우울감에 맞서는 데 도움이 된다고 얘기한다.

직접적으로 아이와 부모의 유대가 굳건해지는 이런 가치 있는 시간을 보내도록 하고, 이런 시간을 매일의 습관이 되도록 하라. 노력은 미미할지 몰라도 보상은 엄청날 것이다.

친구들

가족을 제외하면 누구의 죽음이 우리를 쓸쓸하게 만드는가? 그럴 만한 사람들을 헤아려보라. 그들은 당신의 절친들, 즉 당신에게 의미와 가치의 80퍼센트를 가져다주는 20퍼센트의 사람들이다.

알고 지내는 이들이 100명, 200명이 된다 하더라도 대부분은 10명 안팎의 이름을 떠올린다. 내 주소록에는 270명의 사람들이 있지만, 그 중 단지 18명만이 나에게 정말 중요한 사람들이다. 이 친구들은 전체의 9퍼센트도 안 되지만 이들이야말로 나에게 '우정의 기쁨'의 90퍼센트를 가져다주는 사람들이다.

자신의 절친들과 그 외 다른 친구들과 얼마나 많은 시간을 보내는지 살펴보라. 놀랄 것이다. 절친이 먼 곳에 거주한다면 그 친구보다 그리 친하지도 않는 이웃과 더 자주 만난다는 것을 알게 될 것이다. 그렇지만 그 반대의 경우라면 당신은 더 행복할 것이다.

가능하다면 자신의 절친과 지근 거리에 살도록 하라. 그리고 늘 그들과 자주 교류하라.

좀 더 큰 사랑으로 가는 80/20 방법

1단계 : 자신의 80/20 목적지에 집중하기

'적은 것이 더 많은 것이다'라는 명제를 명심하고 아래의 질문에 대답하라. 자신의 인생에 진정으로 중요한 것이 무엇인지 심도 있게 그리고 엄선하여 답하라.

위대한 사랑으로 나아가기 위한 나의 80/20 목적지

1. 나는 사랑하는 사람을 찾기를 원하고 필요로 하는가?
2. 나는 특정한 사람을 내 사랑으로 만들고 싶은가?
3. 내 사랑을 지키기 위해서 내가 하던 행동들을 다르게 해야 하는가?
4. 행복한 가정을 원하는가? 나는 행복한 아이를 키우기 위해 필요한 행동과 마음가짐이 준비되었는가?
5. 내 절친들을 좀 더 자주 만나는가?

2단계 : 80/20 루트 찾기

어떻게 하면 덜 고군분투하면서 적은 것으로 많은 것 – 사랑과 강한 책임감 – 을 이뤄낼 수 있을까?

위대한 사랑으로 나아가기 위한 80/20 루트

1. 지금 나에게 미래를 약속하고 싶은 사랑하는 이가 없다면 어떤 사람이 내 애인이 되기를 바라는가?
   정서적으로 안정된 사람을 원하는가?
   긍정적인 사람을 원하는가?
   혹독한 개인적인 비난과 빈번한 말다툼을 피할 줄 아는 사람을 원하는가?
   내 기본적인 가치관에 동의해줄 사람을 원하는가?
   그런 가치관은 무엇인가?

2. 내 애인이 됐으면 하는 주변인이 있는가?
   그(그녀)는 정서적으로 안정적인 사람인가?
   그(그녀)는 긍정적인가?
   그(그녀)가 혹독한 개인 비난과 말다툼을 사전에 예방할 수 있는가?
   그(그녀)가 나의 기본적인 가치관에 동의하는가?

3. 나는 주로 어디에서 나의 배우자를 찾는가?
   그(그녀)를 만나기 위해 내가 취하는 행동들은 무엇인가?

어떤 행동이 나의 에너지에 가장 좋은 결과를 가져다주며, 내가 가장 즐기는 행동은 무엇인가?

4. 내 연인을 행복하게 해주는 몇 가지 것들을 내가 알고 있는가? (모르면 물어보라!)

   매일 또는 매주 내 연인이 원하는 것을 들어주기 위해 내가 해야 하는 행동은 무엇인가?

5. 나는 행복한 가정을 이룰 수 있을까?

   나는 사랑 곡선을 연습할 수 있을까?

   부정적인 반응보다는 긍정적인 반응을 더 많이 줄 수 있을까?

   나는 아이들과 놀아주는 데 내 시간을 넉넉히 할애할 수 있을까?

   나와 내 배우자는 서로 협력하고 사랑하는가?

   내가 고난이나 다루기 힘든 자식 문제를 잘 해결하면서 사랑을 잘 유지할 수 있을까?

   기준을 엄격하게 정하면서도 사랑을 베풀 수 있을까?

   잠자리에 들기 전 15분간을 아이와 함께 보내고 있나?

6. 절친들을 좀 더 자주 만나기를 원한다면 이를 어떻게 계획하고 조정해야 할까?

   가장 적은 노력과 비용으로 최상의 해결책을 제시하는 방법은 무엇인가?

3단계 : 80/20 행동 취하기

현대인들의 행동은 우리가 마음속 깊은 곳으로부터 원하는 사랑과 친밀함과는 거리가 멀다. 많은 것으로 더 많은 것을 추구하다 보니 소위 사회적으로 '성공한' 많은 사람들은 자신의 직업이나 일을 최우선으로 두고, 그에 따르는 감정적인 공허함은 다양하고 얕은 인간관계와 그 수를 늘리는 것으로 대체하고 있다. 그러나 불가피하게도 그런 인간관계는 수박 겉핥기 식이거나 만족스럽지 못한 경우가 대부분이다. 많은 사람들과 인간관계를 맺고 일을 하는 데 에너지를 쓰다 보니 한 사람과 하는 진솔한 애정과 소수의 진짜배기 인간관계로부터 우러나는 가치와 재미는 알지 못한다.

무엇보다 인간관계는 과유불급이라는 사실을 명심하라!

간소한 굿 라이프 만들기

**"단순하게 할 수 있는 능력이란 불필요한 것들을
제거한다는 의미로, 그러면 필수적인 것들이 드러나게 된다."**
– 예술가 한스 호프먼Hans Hofmann –

'점심식사는 뭘로 할까?' 생각하던 휴가 중인 사업가는 고요한 푸른 바다를 뚫어져라 처다봤다. 노란 지느러미가 달린 커다란 참치를 가득 실은 조그만 배가 아름다운 멕시코의 작은 마을에 닻을 내리고 있었다. 그리고 혼자 있던 어부는 물가로 뛰어내렸다.

"많이 잡았군요." 관광객이 말을 걸었다. "얼마 동안 잡은 거요?"

"뭐 그리 오래 걸리지는 않았습니다." 멕시코 어부가 대답했다.

"좀 더 오래 나가서 더 많은 고기를 잡아 오지 그랬어요?"

"제 식구들 먹을 만큼은 이걸로도 충분합니다."

"남는 시간엔 뭘 하면서 지내나요?"

"늦게 잠자리에 들고, 약간의 낚시를 즐기고, 아이들과 놀아주고, 점심을 먹고, 마리아와 낮잠도 자지요. 마리아는 내 아내요. 매일 밤 마을 산보도 가고, 포도주도 한 잔 하고, 기타 치면서 친구들이랑 카드놀이도 합니다. 알차고 풍요로운 삶이지요, 신사 양반."

"내가 당신을 도울 수 있다고 생각되는데요." 관광객은 코를 찡긋해 보이고는 말했다. "나는 하버드에서 MBA를 마쳤소. 그리고 이 조언으로 당신을 경영대학원에 보내줄 수도 있지. 먼저 고기 잡는 데 시간을 더 많이 쏟고 큰 배를 사서 돈을 많이 버는 거요. 그런 다음 선단을 이룰 만큼 배를 여러 척 사는 거지. 잡은 고기는 중개인에게 팔지 말고 가공업자에게 직접 판매하시오. 그러면 나중에는 당신 소유의 통조림 공장이 생길 거요. 당신이 제품을 관리하면서 제조, 납품까지 하게 되는 거지. 그렇게 되면 이 작은 마을을 뒤로하고 멕시코시티 같은 대도시로 진출하시오. 그 다음엔 로스엔젤레스로 가고 결국에는 뉴욕 같은 도시까지 당신의 회사를 확장할 수 있을 거요."

"하지만 신사 양반, 그렇게 되려면 얼마나 걸릴까요?"

"뭐 한 15년, 20년쯤?"

"그런 다음에는요?"

"이 부분이 하이라이트인데……" 사업가는 미소 지으며 말했다. "적당한 때가 되면 당신은 회사를 주식 시장에 상장시켜 수백만 달러를 버는 거요."

"흠, 수백만 달러라. 그런 다음은요?"

"그렇게 되면 은퇴하고 마을로 돌아와 바닷가 옆에 예쁜 집을 짓고, 늦게 잠들고, 낚시 하러 가고, 아이들과 놀아주고, 아내와 낮잠을 자고, 저녁이면 동네 산보 가고, 와인을 들이키면서 기타 치고, 아미고들과 카드 놀이를 하는 거죠."

굿 라이프란 무엇인가?

예수가 태어나기 약 3세기 전, 그리스의 철학자들은 무엇이 만족한 삶, 즉 '굿 라이프'를 만드는지에 대해 설전을 펼쳤다. 아마도 자신이 말한대로 몸소 실천하고 행복한 삶을 살았던 에피쿠로스Epicurus의 해석이 가장 설득력 있음직하다.

"만약에 맛보는 즐거움을 잃게 되거나 성적인 쾌락, 듣는 기쁨 또는 아름다운 것들을 보고 느끼는 기분 좋은 감정이 없어진다면, 내가 어떻게 행복한 인생을 상상할 수 있을는지 알 수 없다."고 그는 말했다.

에피쿠로스는 행복을 위해 우리가 필요로 하는 것은 아래와 같다고 말한다.

☐ 의, 식, 주
☐ 친구

☐　자유

☐　사색

그는 "인생 내내 행복하게 살기 위해서 가장 소중한 것은, 단연
코 우정을 소유하는 것, 즉 손에 꼽을 만한 진정한 친구들이다."라
고 얘기했다. 그는 아테네 외곽의 집에서 7명의 친구들과 같이 살
았다. "절대 혼자 밥먹지 마라! 친구들과 같이 식사하는 것이 훨씬
낫다."고 그는 충고했다.

에피쿠로스의 무리들은 자유를 중요시했다. 불미스러운 일을 피
하고자 그들은 코뮨, 즉 공동체를 형성해서 다 함께 배추, 양파, 아
티초크(국화과 다년초로 꽃봉오리는 식용 가능한 지중해 연안이 원산지
인 식물 _ 편집자주) 등을 길렀고, 자신들의 자립심을 즐겼다. 서로
간 아이디어를 교환하고 책도 썼다. 인생은 단순하고 화려함과는
거리가 멀었지만 충분히 만족스러웠다. 에피쿠로스는 일찍이 이런
말을 남겼다. "값비싼 음식과 음료가 어떤 상황에서도 자유를 선사
하지는 못한다. 자연의 섭리를 넘어서는 부는, 마치 그릇에 가득 차
서 흘러넘치는 물과 마찬가지로 아무 소용이 없는 것으로 간주해
야 한다."

에피쿠로스와 그의 친구들은 '적은 것이 더 많다'라는 명제를 믿
었다. 현대의 많은 것으로 더 많은 것을 획득하려는 심리와는 대조
적이다. 최근 AOL 가입자들을 대상으로 한 설문조사에서 '얼마나

많은 돈이 있어야 돈 걱정으로부터 해방될까?'라는 질문을 했다. 결과에 의하면 100,000달러를 넘게 버는 사람들이 40,000달러를 버는 사람들보다 훨씬 더 많이 필요하다고 답변했다. 고소득자들은 저소득자에 비해 5배나 많은 연 90,000달러 이상의 수입이 더 필요하다고 말했다. 이러한 사실은 더 많은 것을 좇을수록 우리는 결코 더 많은 것을 얻을 수도 또 만족할 수도 없다는 반증이기도 하다.

사람들이 더 많이 가지려는 욕심이 타고난 천성은 아니다. 이것은 현대의 삶의 구조이고 이런 구조가 야기하는 강압적이고 교묘한 인식에 그 근거를 둔다. 말하자면 현대의 삶에서 성공이란 더 많은 돈을 버는 문제이고, 더 많은 돈은 더 많은 일을 해야 한다는 걸 의미한다. 그 과정에는 패스트 트랙과 슬로우 트랙만이 존재하는데, 패스트 트랙은 엄청난 노력을 요하지만 그에 못지 않게 엄청난 보상도 주어진다고 주장한다. 그러면서도 우리는 자신이 어떻게 살고 있는지 걱정하고, 원하는 것보다 더 일하며, 필요한 것보다 더 많이 소비하고, 자신으로부터 로맨틱한 사랑, 가족, 친구 그리고 넉넉한 시간이 주는 단순한 유희를 차단하고 있다.

그렇다면 적은 것으로 많은 것을 이뤄내는 것이 정말 가능하다면 어떨까? 그렇게 된다면 우리는 현대의 삶이 제공하는 아주 훌륭한 부분 - 흥미로운 일에 도전, 자신의 재능 발견, 물질적인 풍요로움 - 들을 자신의 시간에 맞게 즐기고, 친밀한 인간관계를 구축하면서 경험하면 된다. 타인이나 자신에게 쏟는 가치 있는 행동에 더 집중하고 나머지 사소한 일은 그만두면 된다. 우리는 단순하게 되고, 정화되며, 강해지고 또 편안해진다. 이 모든 것은 한꺼번에 가능하다.

많은 것으로 더 많이 이뤄내기는 마치 '벌거숭이 임금님' 얘기에 나오는 임금님의 새 옷처럼, 실제로는 존재하지 않지만 본인은 존재한다고 믿는 것과 같다. 모두가 이 방법이 삶을 사는 좋은 방법이라고 떠들지만, 정작 자신의 영혼이 중요한 포인트를 놓치고 있다는 사실은 간과하고 있다. 임금님의 새 옷이 멋지다는 만장일치 주장에 휩쓸려 갈 뿐이다.

하지만 이제는 우리에게 자신이 알고 느끼고 있는 것, 즉 "임금님은 벌거숭이다."라고 말할 수 있는 용기가 서서히 스며들고 있다. 많은 것으로 더 많은 것을 이뤄내기가 행복과 친목을 덜 지향한다면, 적은 것으로 많은 것을 이뤄내기는 좀 더 높은 질, 가치, 개인적인 만족을 이끌어낼 수 있다.

적은 것으로 많은 것을 이뤄내기를 추구하는 것은 현대의 삶과 대립하고 있기 때문에, 많은 것으로 더 많은 것을 이루겠다는 관념의 쳇바퀴에서 빠져나오려는 노력을 끊임없이 해야 한다. 그렇다면 이것은 왜 이리 어렵게 느껴질까?

여기에는 세 가지 이유가 있다.

☐ 우리의 욕망은 끝이 없고 모순된다. 우리는 더 많은 것이 더 낫다고 생각하

도록 길들여져 있다.

☐ 우리는 남과 자신을 비교한다. 친구들이 부자가 되면 우린 그보다 뒤처지고 싶지 않다. 이웃이 새 차를 사면 지금 가지고 있는 차가 무척 만족스러워도 나 역시 새 차를 사야 한다. 이미 요트를 가지고 있을 만큼 부유해도 옆에 정박해 있는 요트가 더 크고 강력한 레이더를 장착했다는 사실을 금방 눈치챈다.

☐ 우리의 대부분은 야망, 노력, 고군분투 등을 좋다고 믿어서, 우리 역시 자신의 능력을 길러서 출세해야 한다고 생각한다. 경쟁하지 않거나 더 나아가기 위해 애쓰지 않으면 죄책감을 느낀다.

그러나 이런 느낌이 들기 시작하면 가벼운 마음으로 쳇바퀴를 떠나야 한다.

☐ 욕망의 대부분은 한순간 지나치는 행복 그 이상으로 이끌지는 못한다. 행복해지기 위해서는 자신이 원하는 것에 집중하고, 그들 중 가장 중요한 몇 가지와 행복의 결과물을 요약할 줄 알아야 한다. 다른 욕망들이 생길 때 과감히 그것들을 배제시킬줄 알아야 하는데, 왜냐하면 그것들이 악마의 속삭임이라서가 아니라 그런 욕망은 더이상 우리를 행복하게 해주지 못하기 때문이다. 근심걱정을 그만두면 단순해진다.

☐ 자신을 남과 비교하는 일은 아마도 인류 역사만큼이나 오래됐을 것이다. 틀림없이 아담과 이브도 자신들의 무화과 잎사귀를 비교했을 것이고, 그

래서 모세가 열 번째 계명으로 이웃의 집, 아내, 하인, 가정부, 소 또는 당나귀를 탐하는 것을 금했을 것이다. 하지만 소비사회에서는 소유하고자 하는 유혹을 예술의 경지로 승화시켰다. 광고와 마케팅 산업은 우리로 하여금 재미없는 비교와 물건의 취득에만 중독되도록 만들어서 사회가 더 많은 것을 얻기 위한, 의미도 없고 끝나지도 않는 경주를 부추길 뿐이다.

우리가 이웃과 무엇인가를 비교해야 한다면 상대적인 부와 행복 중에 어느 것이 더 나을까?

모세는 이렇게 말했을 것이다. "이봐, 친구들. 원하는 어떤 것이든 탐낼 수 있지만, 소유물이 행복을 가져다주지 않는다고 과학적으로 증명됐다네. 그렇다면 자네들은 많은 집과 노예, 가축을 택하겠나 아니면 행복해지는 것을 택하겠나?"

당신에게는 소유물이 너무나 부족한가 아니면 넘치도록 많은가? 당신의 오랜 행복을 위해 더해야 한다면 복잡함과 단순함 중에 어느 것이 더 낫겠는가? 가지고 있는 소유물들을 다 사용하는가? 자신의 옷장을 들여다 보라. 자신이 자주 입고 다니는 몇 가지 옷들로만 채워져 간소한가, 아니면 옷의 80퍼센트는 입는 횟수의 20퍼센트도 안 되는 옷들로 옷장이 가득 차 있는가?

자신의 기량을 펼치고 연마하는 건 좋은 일이다. 그러면 좀 더 행복해지고 독립적이며 남들에게도 도움이 된다. 하지만 그렇게 되려고 애쓰면서 스트레스 받고 시간에 쫓기며 서두르고 불행해지는 건 바보같은 짓이다. 우리는 편안하고 집중할 때 좀 더 효율적이다. 자기 자신이 행복하면 사랑하는 이에게도 행복을 듬뿍 주는 법이다. 우리가 가장 행복한 순간은 우리에게 가장 유용하고 필수적인 것들로 삶을 단순화시킬 때라 할 수 있다.

행복 포인트란 오랜 기간 동안 우리를 가장 행복하게 만들어줄 노력과 고군분투의 정도다. 당신은 [도표14] 그래프의 어디쯤에 있나? 더 분발함으로써 더 행복하고 더 발전했나 아니면 덜 함으로써 그러한가?

쳇바퀴에서 뛰쳐나온다는 것은 깔끔하게 그만두는 것을 말하는데, 이는 현재 삶의 근심걱정과 복잡함을 거부하겠다는 단호한 행동을 취하고 그 대신에 자신만의 단순하고 멋진 삶을 만들어내서 적은 것으로도 많은 것을 이뤄낼 수 있다는 자신감을 갖는 것을 의미한다.

● 사례

앤, 간소한 굿 라이프를 알아내다

앤은 절친 중 한 명이다. 그녀는 20대에 이미 광고회사에서 성공한 회계 담당자였다. 29세가 됐을 때 그녀는 급격한 변화를 맞이한다. 그녀는 회사를 그만두었고, 다른 직장도 다시 얻지 않았다. 그 후로 10년 동안 그녀는 평소 하고 싶었던 일과 창의적인 작업들을 하면서 삶을 간소화시켰다.

"광고회사 일은 재밌었어요." 그녀가 얘기를 시작했다. "보수 역시

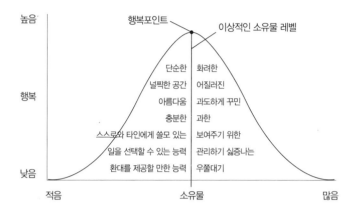

[도표13] 소유물을 위한 행복 포인트

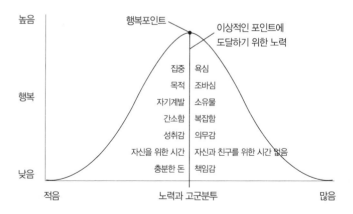

[도표14] 노력과 고군분투를 위한 행복 포인트

좋았죠. 그러던 어느 날, 제 자신에게 내가 정말 인생에서 해보고 싶은 것이 무엇인지 진지하게 물었죠. 대답은 분명했어요. 저는 그림을 그리고, 조각을 하고, 음악도 만들고, 피아노를 연주하고 싶었거든요. 다른 악기도 연주해보고 싶고, 제 자신만의 프로젝트를 추구하면서요.

조직에서 출세하거나 직장에 가느라 교통 지옥에 시달리며 상사를 위해 일하고 치열한 경쟁가도를 달리고 싶지 않았어요. 그보다는 집에서 일하면서 제 시간에 구애받지 않고 날씨 좋은 날은 나가서 산책도 하면서 친구들을 만나는 게 더 좋았죠. 무엇보다 제 안에 있는 창의적인 재능을 개발해서 내가 앞으로 어떻게 될지 알고 싶었죠.

큰 집을 나와서 천장 채광창에 멋진 메자닌 층(1층 바닥과 2층 바닥 사이에 만들어진 층, 높이나 바닥 면적이 기준 층보다 적은 층 _ 편집자주)이 있는 방 한 개짜리 예쁜 스튜디오 아파트를 얻었어요. 부모님은 무척 화가 나셨죠. 특히 아버지요. 부모님께선 제가 대학을 갈 수 있도록 희생을 많이 하셨고 제가 이뤄낸 성과나 생활에 매우 뿌듯해하셨거든요. 저는 그때까지도 왜 내가 이런 길을 선택해야 하는지 스스로 이해하지 못했지만, 내 안에 음악이 남겨진 채 부자로 죽고 싶진 않았어요. 그럼 돈 문제는 어떻게 해결해야 할지 계속 질문했죠.

필요한 질문이었어요. 돈을 많이 벌었을 땐 역시 많이 썼죠. 약간의 모아둔 돈은 이 스튜디오 살 때 들어갔어요. 하지만 금방 많은 돈을 쓸 필요가 없다는 걸 깨달았죠. 일하러 가는 데 경비도 필요없고, 으리으리한 스포츠카도 없어도 되고, 고객을 만나려고 값비싼 옷도 음식점에 갈 필요도 없었죠. 직장을 그만두고 첫 해는 겨우 지난 직장에서 벌었던 수입의 3분의 1 정도였어요. 그래도 세금은 거의 없었고 개인이나 가족에게 초상화나 조각품을 팔아서 돈 벌이를 하면 된다는 걸 깨달았죠. 중요한 건 제가 정말 원하는 걸 하고 있고 지금이 훨씬 더 행복하다는 거예요.

돈을 벌려고 다양한 시도를 하고 있지만 한 가지 조건이 있어요. 그건 바로 내가 즐길 수 있고 동시에 나를 표현할 수 있어야 한다는 거예요. 놀라운 건 자기만의 일을 하고 있고 내가 신중하게 선택한 것만 하는 데도 5년 전부터 수입이 다시 옛날만큼 좋아졌다는 거죠."

많은 것으로 더 많이 이루려는 쳇바퀴에서 벗어나기

적은 것으로 많은 것을 성취하는 방법을 찾기는 쉽지 않다. 왜냐하면 현재 삶의 잘못된 인식을 송두리째 뒤흔들어야 하기 때문이다. 그럼에도 적은 것이 더 많은 것이라는 확신만 있다면 그 방법을 찾아가는 과정이 그리 험난하지만은 않다.

왜 그럴까? 그 비결은 빼는 과정에 있다. 우리는 더 할 필요가 없다. 오히려 더 적게 해야 한다. 미지의 세상에 도달할 필요도 없고 우리에게 주어진 인생을 가장 좋고 만족스럽게 단순화시키면 된다.

많이 얻으려고 노력하지 않아도 된다. 움켜쥐려 애쓰지도 마라. 그냥 흘려보내고 편안해지면 된다. 그렇게 되면 우리 안의 본연의 행복이 드러나게 된다.

'효율적인 습관'들에 매달리지 않아도 된다. 그런 습관이 도움이 안 되면 과감히 버려라. 행복이나 만족이 없는 그 어떤 것에도 시간을 낭비하지 마라. 그런 일들은 우리에게 소중한 사람들의 행복에도 또는 우리의 인생에도 불필요한 것들이다.

사람들이 우리에게 시키는 또는 부탁하는 일에 늘 "네."라고 말하지 않아도 된다. '이 일이 내가 정말 하고 싶은 일인가? 내가 원하는 삶의 일부인가?' 자신에게 물어보면 된다. 그 일이 나의 의도와 맥을 같이하지 않으면 "아니요."라고 정확히 의사표시하면 된다. 적게 함으로써 더 많이 즐기게 된다.

정해 놓은 목록에서 아이템들을 빼보자. 일을 덜 하고, 쇼핑도 덜하고, 너저분한 옷장도 치우자. 필요없는 물건들은 정리하거나 재활용하자. 우울한 기분이나 화나는 일도 털고 일어나자. 오래된 원망도 떨쳐내고, 미워했던 상대도 용서하고, 어렵지만 친구들도 너그러이 받아주자!

다른 사람과 비교하지 마라. 행복해지는 걸로 만족하라. 가지고 있는 것에 행복하라. 자신을 불안하고 불행하게 하는 어떤 것도 좇으려 하지 마라.

자신의 삶을 손질하라. 불만족스러운 미팅, 여행, 인간관계들은 끊으라. 발전이 없는 어떤 일도 멈추라.

현대의 삶은 문제들을 해결해주는 값비싸고 어려운 훈련을 좋아한다. 짐작컨대 정신과 상담의, 구루, 동기유발 전문가 등이 우리에게 스트레스나 나쁜 행동 습관을 어떻게 잘 해결할 수 있는지를 가르치고 있다. 이는 마치 뱀이 얼마나 위험한지 알기 위해서 모든 뱀의 종류를 공부하는 것과 같다.

왜 그래야 하는가? 그냥 '뱀이 나오는 구덩이'에 안 가거나 피해 가면 되는데 말이다. 적은 것이 많은 것이다. 삶에 스트레스가 되거나 보람없는 일들은 갖다 버리면 된다. 어떻게 마음 먹느냐에 따라 반드시 방법은 있기 마련이다.

나에겐 스페인에 집이 있다. 비즈니스에 시달리면 탈출하고자 나는 그곳에서 몇달씩 기거하면서 주로 생각하거나 집필하는 데 집중한다. 그래서 나는 이렇게 한다.

- ☐ 라디오나 TV는 없다
- ☐ 전화도 거의 받지 않는다 – 비밀번호, 한 대의 전화기, 다른 연락책은 없고 휴대전화도 없다. 다행히도 전화가 자주 고장난다.
- ☐ 내가 만나고 싶은 친구만 본다
- ☐ 신문은 토요일 하루만 읽는다

결과는? 나는 3배에서 4배 더 빨리 글을 집필하고, 다른 그 어느 곳에 있을 때보다 훨씬 깊게 사색한다. 스페인에서 즐기는 단순한 삶이 나는 너무 마음에 든다. 달달한 것도 매일 먹는다. 가격도 정말 착하다.

간단하면서 적은 비용으로 자신을 행복하게 해줄 수 있는 것을 생각해보라. 단순화시킬 수 있는 아이디어들을 읽어보고, 아래 〔도표15〕의 제인의 기쁨을 들여다 보자. 값비싼 즐거움은 줄이면서 간단한 즐거움을 늘리는 건 어떤가? 〔도표16〕에 주어진 빈칸에다 자신만의 행복 차트를 그려보자.

단순한 삶이란 적은 것으로……	더 많이 이루는 것
잘 하지 못하고 하고 싶지도 않은 일	좋아하고 잘할 수 있는 일
의무감에 해야 하는 일	재미와 오락
매일 반복되는 일상	놀랄만한 일들
들인 에너지에 비해 낮은 보상으로	에너지를 들인 만큼 돌아오는
돌아오는 행동	높은 성과의 행동
기다리는 시간 또는 걱정거리	즐길 수 있는 이벤트
좋아하지 않는 사람들과 만나기	좋은 친구들 만나기
선호하지 않는 장소들	선호하는 장소들
전화 통화	사색할 시간
여행과 출퇴근	평화롭고 조용한
운전	걷기와 싸이클링
좋아하지도 않는 운동	좋아하는 운동
위기들	위기를 피해갈 수 있는 생각
어려운 상황 헤쳐나가기	꽃길만 걷기
차고 넘치는 정보들	자신의 관심분야의 정보
소비	남에게 주기, 재활용
즐기지 못하는 취미	좋아하는 매일의 습관
아무런 변화도 없는 큰일들	큰 변화를 가져오는 소소한 일들

인생을 단순화시킬 아이디어들

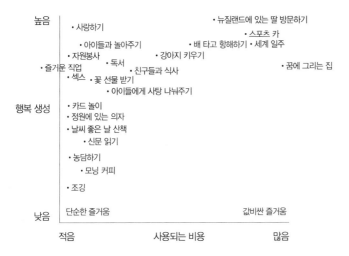

[도표15] 제인의 행복 차트

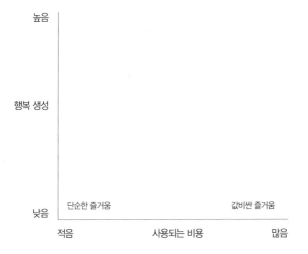

[도표16] 나의 행복 차트

간소한 굿 라이프를 만들기 위한 80/20 방법

1단계 : 자신의 80/20 목적지에 집중하기

무엇이 자신에게 간소한 굿 라이프인가?

어떻게 하면 삶이 좀 더 간소해질 수 있을까? 자신의 이상적인 간소한
삶은 어떻게 다른가?

2단계 : 자신의 80/20 루트 찾기

문제는, 더 낫고 단순하면서도 적은 것으로 많은 것을 이뤄낼 수 있
는 것을 찾아내기가 쉽지 않다는 데 있다. 단순해지기 위해서는 걱

정의 원인이나 불필요한 다툼을 없애고, 그런 일들에 들이는 시간과 에너지에 주의를 거의 기울이지 않는 것이다. 너무나 많은 선택 사항이나 과한 야망에 대한 불안도 없애라. 이런 것들에 온통 신경을 뺏기게 되면 목표와 목적지에 대해 오히려 충분한 집중력을 발휘하지 못하게 된다.

뱀 구덩이를 피하라

당신의 뱀 구덩이(자신을 힘들게 하고 스트레스 받게 하는 일)는 무엇인가?

그런 것들을 피하기 위해 자신이 할 수 있는 일은 무엇이며, 또는 그것들에 많은 시간을 뺏기지 않기 위해 하는 일은 무엇인가?

50/5 방법 : 중요하지 않은 것들 제거하기

자신 안에 있는 부정적인 것들을 지우기 위해 에너지만 쓰고 보상이 미미한 것들은 떨쳐내자. 80/20 방법에는 '50/5 방법'이라는 친한 동료가 있다. 우리가 하는 일의 50퍼센트가 대개 행복과 결과의 미미한 정도(5퍼센트)만을 가져다준다.

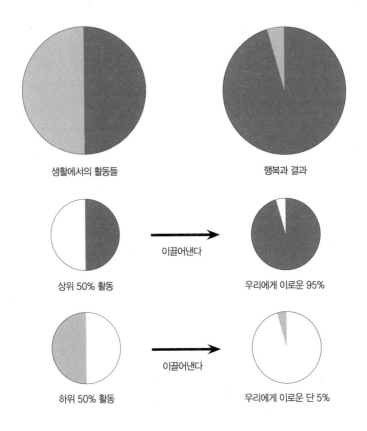

생활에서의 활동들

행복과 결과

상위 50% 활동 → 이끌어낸다 → 우리에게 이로운 95%

하위 50% 활동 → 이끌어낸다 → 우리에게 이로운 단 5%

[도표17] 50/5 방법

행복이나 성과가 거의 없으면서 당신의 인생을 꽉 채우고 있는 임무는
어떤 것이 있는가?

그런 임무들을 세분화할 수 있는가?

값비싼 호사를 어떤 단순하면서도 비싸지 않은 호사로 대체할 수 있는
가?
더 많은 단순한 호사들   더 적은 값비싼 호사들

이를 어떻게 실행할 수 있을까?

가장 좋아하는 단순한 호사들로 채워진 일상의 삶을 당신은 상상할 수
있는가?

이런 이상적인 삶으로 어떻게 다가갈 수 있을까?

3단계 : 80/20 행동 취하기

즉시 실행 가능하고 자신의 목적지로 향하는 단순한 행동 – 최소한의
에너지로 간소한 굿 라이프로 이끌어주는 – 세 가지는 무엇인가?

행동1 :

행동2 :

행동3 :

이 세 가지 단계를 완수하면 또 다른 3단계를 시작하라. 당신이 '인
생은 아름다워!' 하고 느낄 때까지 말이다. 여때껏 당신에게 도전
적이고 당신을 시험하던 인생이, 이제는 당신이 원하는 방식으로
변한다. 근심걱정과 많은 것으로 더 많은 것을 얻으려고 했던 중압

감에서도 벗어나게 된다.

우리가 적은 것이 더 많은 것이라는 사실과 중요한 몇 가지 일에만 집중하면 된다는 것을 깨닫게 되면, 적은 것으로 많은 것을 이뤄내는 방법을 언제나 찾아낼 수 있다. 직장에서나 개인의 삶은 단순해지고 활기차며 자신이 좋아서 하는 일들로 가득 차게 된다.

Just do it!

　　– 나이키 슬로건 –

PART 3
적게 일하고
잘살기

Chapter 9

소박하고 긍정적인 행동의 힘

"무엇이 좋은지 아는 것만큼 행동하는 게 쉽다면 예배당은 교회가
됐을 것이요, 가난한 자의 초가집은 왕자의 궁궐이 되었겠지."
– 윌리엄 셰익스피어, 《베니스의 상인》 중에서 –

일란성 쌍둥이 줄리와 산드라는 매우 수줍어하는 성격이었다. 친
한 친구가 간곡히 부탁하며 파티에 초대했을 때, 그 둘은 수줍음을
떨쳐내기로 결심했다. 그러고 나서 자기계발서를 찾으러 동네 서
점으로 향했다.

줄리는 긍정적인 사고에 대한 유명한 동기부여 전문가가 쓴 베
스트셀러를 샀다. 그녀는 책을 통해 자신이 가지고 있는 부끄러움
을 억누르라고 배웠다. 자신이 수줍음을 느낄 때마다 그런 느낌을
지워야 했다. 또 스스로에게 자신은 더 이상 수줍지 않다고 되새기
며, 자신의 타고난 내성적인 성격을 외향적인 성격으로 바꿀 수 있
다고 생각했다.

파티가 있던 오후, 줄리는 다른 생각에 사로잡혔다. '파티에 가면 항상 어색해하니까 가지 않는 게 좋겠어.' 그러자 자신이 읽었던 몇 가지 긍정적인 문장들이 떠올라서, '아니야, 쓸데없는 소리! 이 소녀야! 너는 파티를 엄청 즐길지도 몰라! 수줍지 않은 척 행동하고 넌 그렇게 할 거야!' 라며 스스로를 안심시켰다.

출발하기 직전 그녀는 마음을 편히 하고 자신의 외향적인 부분을 이끌어내려고 보드카 토닉을 큰 잔으로 들이켰다.

산드라와 같이 탄 택시에서 줄리는 무척이나 기분이 들떴다. 긍정적인 사고가 힘을 발휘하고 있었다! 하지만 파티에 도착하자마자 줄리는 보드카의 힘이 소멸되고 있는 걸 느꼈다. 파티장은 북적거렸고 그녀는 평소처럼 안절부절못하고 있었다. 긍정적인 생각을 하려고 애썼지만 15분쯤 지나자 그녀는 누구와도 얘기하지 않았다. 심지어 산드라에게조차 얘기를 건네지 않았는데, 마침 산드라는 멋진 훈남과 대화에 열중하고 있었다. 산드라를 방해하지 않고 최악의 기분을 벗어나려고 한 시간쯤 지난 후 파티장을 나왔다. 그녀 가슴에 남은 한 가지 대답은, '더 이상 내 인생에 파티는 없어! 어쩌면 직장에서 남자를 만날 수도 있겠지.'였다.

아침식사를 하며 줄리는 산드라에게 파티가 어땠냐고 물었다.

"멋졌어." 산드라가 대답했다. 미처 줄리의 어두운 얼굴을 알아채지 못한 채 말이다.

"넌 어떻게 수줍음을 잘 억누를 수 있었니?" 하고 줄리는 궁금해

했다.

"난 굳이 억누르지 않았어. 네가 택시에서 신나 있었을 때 난 파티에 가는 게 정말 걱정됐거든. 하지만 내가 읽었던 책에서는 움츠러드는 걸 걱정하지 말고 그냥 몇 가지 긍정적인 행동을 하라고 조언했지. 그래서 난 자신에게 말했어. '산드라! 아무리 떨리는 기분이 들더라도 넌 마음에 드는 첫 번째 남자에게 가서 너를 소개하고 얘기를 시작할 거야. 무슨 얘기든 말이야. 그리고 이건 도착해서 10분 내로 할 거야. 뭐 첫 번째 만난 남자가 그리 호의적이지 않아도 상관없어. 다른 사람에게 다가가면 되니까. 하지만 그 또한 잘 안 된다면 다른 사람에게 얘기하려고 하지 않아도 돼. 적어도 넌 노력했으니까.' 그래서 난 푸른색 셔츠를 입은 호감 가는 남자를 발견하고 그에게 다가가 춤추자고 말했지. 나는 그의 반응을 살피고 있었는데 그가 반쯤 미소 짓고 있는 걸 알았어. 그는 흔쾌히 승락했고 나를 그의 친구들에게 소개했어. 2번 정도 춤추고 나니까 더이상 긴장하지 않게 되더라구."

"그 책이 무슨 책이야?"

"아! 위층에 있는데, 숫자가 쓰여진 좀 재미난 제목의 책이야."

대개 긍정적인 사고는 타고난 낙천주의자인 소수의 사람들에게는 효과적일 수 있지만 그들 대부분은 그런 도움을 필요로 하지 않는다. 많은 자기계발서 구루들이 전해주는 조언을 담은 긍정적인 사고의 모순은, 다소 비현실적이고 또 우리의 감정을 부정하는 쪽으로 이끄는 데 있다. '팥으로 메주를 쑨다.'고 자신을 기만하는 일은 오랫동안 그리 효과적이지 않다.

삶에서 자신이 어떻게 느끼는지를 매우 쉽게 그리고 빨리 바꿀 수도 없고 또 그럴 필요도 없다. 우리 모두는 '부정적인' 감정들을 가지게 마련이다. 우울하고, 안달나고, 화나거나 위축되는 감정들. 그러나 이런 감정들이 값진 이유는 그것들이 우리에게 유용한 것들을 말해주기 때문이다.

감정이란 있는 그대로 인정하는 것이지 구깃구깃 뭉개서는 안 된다. 우리는 신중하고 충분한 사고를 통해서 '감정을 말하는 데' 활용하고, 감정들이 왜 그런지 이유를 물어야 한다. 감정을 마치 자신에게 반대하는 사람 대하듯 하라. 그런 감정들을 방해하는 대신에 그들과 '차 한 잔'을 기울여보고 그것들이 말하도록 내버려둬서 자신의 감정으로 받아들이되 긍정적인 행동으로 풀어나가면 된다.

줄리는 자신의 부끄러움을 억지로 누르려고만 했다. 하지만 정작 파티장에선 다시 예전의 자기의 모습이 튀어나와버려서 그녀를 기운 빠지게 했다. 반면 산드라는 자신의 수줍음을 애써 감추려고 하지 않았고, 그래서 자신이 수줍음을 느낄 때도 그리 실망하지 않았다. 그녀는 자신이 수줍어 한다는 사실을 인정하고 받아들여서 파티에서 기분을 망쳐 되돌아갈 수도 있지만 그보다 자신이 원하는 몇 가지 행동을 취하기로 결심했다. 행동을 하면서도 그녀는 자신이 수줍음을 타는 성격이라고 자기 자신을 받아들였던 것이다. 그럼에도 그녀는 자신이 스스로 행동하도록 다독였고, 오래지 않아 그녀의 행동이 모든 것을 바꿨다. 그녀의 기분까지도 말이다.

● 사례

죽음의 수용소에서 얻은 교훈

나치 정권 하에서 《죽음의 수용소에서 Man's search for meaning : an introduction to logotherapy》의 저자이자 의사였던 빅터 프랭클 Victor Frankl 은 자신이 살아남을 가능성은 희박하다는 걸 알았다. 심지어 그는 확률도 계산했는데, 가망성은 28분의 1 정도로 낮았다. 아우슈비츠에서는 긍정적인 생각조차 할 만한 여력도 남아있지 않았고, 비현실적인 행동은 곧바로 가스실로 직행하도록 만들었다.

그래도 프랭클은 밝게 행동했다. "내가 아우슈비츠로 끌려갔을 때 출판하기로 되어 있던 내 원고는 압수당했다. 바이에른 수용소에 있었을 때는 발진티푸스로 병이 나서 나는 종이뭉치에다 원고를 다시 쓰게 되기를 바라며 메모를 해두었다. 꼭 전쟁이 끝나는 날까지 살아야 한다는 마음으로 말이다. 바이에른의 집단 수용소의 어두운 막사에서 잃어버린 원고를 다시 쓰는 작업이 내 심장병을 이겨내는 데 도움이 됐다고 확신한다."라고 그는 회고했다.

또한 프랭클은 머릿속에 연설문을 준비해 전쟁이 끝난 후 청중에게 발표하는 걸 상상하면서 다시는 죽음의 수용소가 생기지 않기를 바랐다. 물론 그는 자신이 살아남기는 몹시 힘들다고 생각했지만, 걱정은 그만두고 그가 할 수 있는 모든 긍정적인 행동을 했다.

마침내 그의 재집필된 책,《죽음의 수용소에서》는 900만 부 이상이 판매되었다. 국회도서관은 이 책을 '20세기 가장 영향력 있는 10가지 도서' 중의 하나라고 칭송했다.[1]

빅터 프랭클은 자신의 감정을 부정하지 않았다. 그의 책은 수용소에서의 삶의 공포를 현실적이면서도 암울하게 그려내고 있다. 여전히 그는 자신에게 묻는다고 했다. '계속해서 살아야만 하는 이유를 댈 만한 일들로 내가 무엇을 할 수 있었을까?' 그래서 그는 행동했다. 가장 침울하고 배고프고 육체적인 고문을 당하던 그 순간에도 그는 행동했다. 그는 긍정적으로 생각하려고 하지 않고 단지 긍정적으로 행동하려고 노력했다.

그는 다른 사람들도 긍정적으로 행동하려 했다고 서술했다. "수용소에서 삶의 경험이 인간은 행동을 선택할 수 있다는 것을 보여줬다. (중략) 집단 수용소에 있었던 우리는 한 사람이 막사로 걸어 들어와 다른 사람들을 위로하고 자신의 마지막 남은 빵을 나눠주던 걸 기억한다."

집단 수용소에 있던 수용자들도 긍정적인 행동을 할 수 있는데 왜 우리가 못 하겠는가!

기분이 울적할 때, 기분을 바꾸게 해줄 긍정적인 행동이 무엇인

지 생각해보라. 난감한 상황에 처해 있을 때는 아래의 방법을 시도
해보는 것도 좋다.

- [ ] 거울에 비친 자신에게 똑바른 자세로 서서 스트레칭을 하고 미소를 지어보
  인다. 그러고는 다른 사람에게도 미소 지어보인다. 설령 낯선이에게라도
  말이다!
- [ ] 오랫동안 산책을 하거나 다른 운동을 한다
- [ ] 친절한 행동을 한다

자신의 상황이나 기분이 나쁘더라도 우리는 몇가지 80/20 행동
들로 삶을 바꿀 수 있다. 비교적 쉬운 행동으로 우리 자신의 행복이
나 주위 다른 사람들의 행복에도 큰 변화를 이끌어낼 수 있다.

이 장의 첫머리에 쓰인 셰익스피어의 말은 지당하다. 뭘 해야 할
지 아는 것보다 행동하는 것이 훨씬 더 어렵다. 단지 그런 확고한
결심 단계를 거치지 않은 채 평범한 일상으로 복귀하려고 긍정적
인 행동을 하겠다는 다짐을 얼마나 많이 했는가? 삶을 바꾸려면 우
리에게 닥친 일들을 더 쉽게 만들어야 한다. 결정적인 변화를 이뤄
야 하지만 초인적인 노력 없이도 가능해야 한다. 이 때문에 80/20
방법이 매우 다르면서도 효과적인 두 가지 이유가 있다.

하나는 80/20 방법은 우리가 어떻게 느끼는지를 바꾸라고 요구
하지 않는다. 이는 행동이 바람직한 결과를 이끌어내면 나중에는

거부감없이 자연스레 나타날 것이다.

나머지 하나는 우리에게 이미 요구되는 일상의 에너지와 노력을 더 할 필요가 없다. 적은 것이 많은 것이다. 즉 자신에게 가장 중요한 몇 가지 일에만 집중함으로써 지금보다 에너지를 적게 쓰고 걱정거리를 줄이면서 삶이 차차 변하게 된다. 원하는 것을 신중히 선택하고 자신의 개성을 표현해줄 핵심적인 것에만 자신을 제한할 수 있다면, 우리는 더 게을러질 수 있으면서 동시에 행동은 좀 더 효율적이게 된다. 적은 것으로 많은 것을 이뤄내는 아이디어를 활용해서 적은 에너지를 사용해도 훨씬 더 나은 해결책을 찾아내게 된다.

80/20 행동의 비결은 자신의 '긍정적인 행동들에 인색해져야 한다'[2]는 데 있다. 자신이 가진 에너지를 아끼고 낭비하지 마라. 오직 정해진 양만 있을 뿐이다. 진정으로 자신이 행복하고 힘을 북돋워주는 행동에만 사용하라.

몸에 밴 생각과 느낌보다는 행동 몇 가지를 바꾸는 게 더 쉬운 법이다. 올바른 행동을 취하라. 그러면 감정은 알아서 해결된다.

해야 할 일은, 심사숙고하고, 그리고 행동하는 것이다.

□ 자신이 원하는 것을 하라 : 자신에게 가장 중요한 일들을 하라. 그것이 80/20 목적지다.

□ 자신에게 가장 쉬운 루트로 하라 : 가장 적은 노력과 스트레스로 자신이 원

하는 결과를 이끌어내는 행동을 취하라. 그것이 80/20 루트다.

☐   80/20 루트를 따라서 가장 중요한 다음 단계를 행하라. 그것이 80/20
행동이다.

지금까지 우리는 이 책을 통해서 생각하기에 집중해왔다. 이제
는 '적은 것으로 많은 것을 이뤄내기'와 '적은 것이 많은 것이다'를
경험할 차례다. 행동할 시간이다.

좋은 소식은 80/20 방법을 80/20 행동의 과정에 적용할 수 있다
는 것이다. 효과를 보여줄 간단한 행동 프로그램이다. 드디어 마지
막 장으로 넘어가자.

나만의 행복 플랜

Just do it!
- 나이키 슬로건 -

훈련 중에 알프스에서 길을 잃은 젊은 헝가리 군대의 실화를 들여다 보자. 혹독한 날씨 속에 식량과 군수품도 없이 그들은 동료 병사와도 연락이 끊긴 채였다. 폭설과 거센 눈바람을 맞고 이틀이 지난 후, 그들은 배고픔으로 얼어붙어 약해져 있었고 베이스캠프로 돌아갈 길은 알 방도가 없었다. 그들은 살고자 하는 의지마저 점차 잃어가고 있었다.

그때 기적이 일어났다. 군복 상의 주머니에서 담배를 찾던 병사 중 한 명이 갑자기 옛날 지도를 찾아낸 것이다. 병사들은 그 지도를 이용해서 당당히 산을 통과해 무사히 캠프로 귀환했다.

그들이 캠프로 돌아와 잘 먹고 휴식을 취한 후, 그 지도가 캠프에서 2,000킬로미터나 떨어진 피레네산맥의 지도라는 걸 알게 됐다.

이 스토리는 두 가지의 중요한 교훈을 담고 있다.

- 전향적이고 건설적으로 행동하는 편이 올바른 답만 가지고 행동하지 않는 것보다 훨씬 더 낫다.

- 우리 각자는 자신만의 해답을 가지고 있거나 아니면 타인의 답을 자신의 상황에 맞도록 적용한다. 위의 이야기에서 병사들이 무사히 귀환할 수 있었던 이유는, 병사 자신들이 그 지도를 자신의 상황에 맞게 즉시 연결시켰기 때문이다.

이제는 80/20 방법으로부터 나온 통찰력을 자신의 소망, 성향, 요구에 맞게 받아들이고, 행동해야 할 때다. 자신의 삶을 지금보다 훨씬 더 낫게 만들 수 있다. 번거로움이나 방해, 그리고 초인적인 노력 없이도 가능하다.

하지만 그렇게 하기 위해서는 행동이 필요하다.

- 자신만의 80/20 행복 플랜에 쓰기 위해 규칙적인 시간과 날짜를 따로 정해두라. 예를 들면 '일요일 오후 4시' 이런 식으로 말이다. 어느 시간대도 가능하지만, 반드시 지키도록 하라.

- 서로에게 멘토가 되어줄 수 있는 친구를 두어라. 삶을 변화시키고 싶어서 이 책을 읽은 다른 독자라면 금상첨화다. 서로 시도 과정에 대한 분석을 비

교해보라. 아마도 자신이 매주 갖는 80/20 행복 플랜 시간을 위한 미팅을

가져도 좋다.

☐   자신만의 80/20 행복 플랜을 완성하라. 이는 그리 어렵지 않은데, 자신

이 이미 결정한 사항들을 종합해서 2부에 나왔던 도표에 적어보면 된다.

[도표18]의 예시를 보고 [도표19]의 빈칸을 자신만의 플랜으로 채우면 된

다.[1]

[도표18] 캐롤라인의 80/20 행복 플랜

장	5	6	7	8	9
영역	자기 자신	일과 성공	돈	인간관계	간소한 굿 라이프
80/20 목적지	미아캐럴을 돌보는 전문가되기	즐길 수 있는 직업 찾기	2023년까지 점은 살 돈 모으기	안정적이고 긍정적이며 사랑충만하면서 개를 사용하는 애인 구하기	동물과 동물을 사랑하는 사람들과 함께 시간 보내기
80/20 루트	이미 전문가인 멘토 3명 찾기	수의사로서 트레이닝	수입의 10% 저축과 투자, 저녁과 주말에 일하기	동물 구조 단체나 수의학 과에서 사람 만나기	부모님 설득해서 휴교 공부 마친 뒤 수의학과 진학
80/20 행동	1. 가장 훌륭한 멘토 기려내기 2. 어떻게 도움을 받을지 연구하기 3. 그들과 가까워지기	1. 생물한 시험 통과 2. 원하는 대학 수의학과 방문하기 3. 선택한 수의학과 입학	1. 저축계좌 개설해서 수입의 10% 자동이체 하기 2. 휴가를 위한 일 찾기	1. 구조 단체에서 자원봉사 2. 친구 선과 파티와 더 진해지기	1. 생물히 시험에서 최고 점 받기 2. 통 삼촌에게 부탁해서 부모님 설득하기
순서	5	2	1	4	3
행동 개시일	나중에	올해	이번 주/이번 달	내년	올해

221

[도표19] 나만의 80/20 행복 플랜

장	5	6	7	8	9
영역	자기 자신	일과 성공	돈	인간관계	간소한 굿 라이프
80/20 목적지					
80/20 루트					
80/20 행동 1 2 3					
순서					
행동 개시일					

222

80/20 행복 플랜을 완성하기 위한 길잡이

1. 4~8장에서 만들어놓은 메모들을 참고하라.

2. 80/20 목적지는 매우 세밀하게 정하라. 자신의 목적지에 도달하면 또 다른 목적지를 고르라.

3. 자신이 즐길 수 있으면서도 목적지로 인도해줄 80/20 루트를 선택하라. 적은 것으로 많은 것을 이뤄낼 수 있는 방법을 제시하는 루트여야 한다. 그 루트가 더 보람되고 자신이 평소 하던 방법보다 훨씬 더 쉽다. 그리고 스스로 그 루트를 성공적으로 여행할 역량이 충분하다고 자신을 믿어야 한다. 그렇지 않다면 더 쉬운 루트를 고르면 된다.

4. 한 개, 두 개, 세 개의 80/20 행복 행동을 항상 적어보라. 그 행동을 하기 위해서 리스트로 만들어보라.

5. 5개의 영역 즉 자기 자신, 일과 성공, 돈, 인간관계 그리고 간소한 굿 라이프 중 한 영역을 고르는 것부터 시작하라. 자신이 선택한 그 영역이 지금 자신의 마음을 가장 많이 빼앗는 부분으로 가장 많이 향상되기를 바라는 심정이거나 아니면 확실하게 성공할 수 있는 가장 쉬운 영역일 것이다. '순서'란 5영역 전부를 해결해나가는 일련의 우선순위를 의미하며, 첫 번째 영역을 성공하고 나면 나중에 그 과정을 다시 살펴보면 된다.

6. '행동을 시작할 날짜 정하기'는 반드시 특정 주, 월, 또는 년이어야 한다. 실제 날짜를 명시하라. 예) 2019년 1월

7. 또 다른 영역으로 옮겨가기 전에 먼저 진행 중인 80/20 행동을 끝내라.

8. 만약에 80/20 루트가 그리 효과적이지 못하다면 다른 루트를 선택하라. 그러나 그러기 전에 그 다른 루트를 한번 시도해보라.

과정을 밟아가기 위해서 매주 80/20 행복 플랜 시간을 이용하면 되는데, 과정 차트를 사용하면 된다. [도표20] 캐롤라인의 차트는 그러한 아이디어를 제공하는데, [도표21]은 당신의 1개월간의 진행 차트가 될 것이다.

캐롤라인은 먼저 해결해야 할 영역으로 돈을 선택했다. [도표20] 의 왼쪽 부분은 [도표18]의 돈의 영역을 옮겨놓았고, 오른쪽은 주별 상황을 적어놓았다.

캐롤라인은 첫 번째 80/20 행동을 시작했다. 첫째 주에 그것을 완결하고는 그런 다음 두 번째 80/20 행동을 첨부하고, 매주 진척 상황을 명시했다. 4주만에 그녀는 크리스마스 연휴 동안 하게 될 일을 찾았다. 돈 영역을 잘 실행함으로써 그녀는 다음 주에 일과 성공의 영역으로 나아갈 수 있었다.

[도표20] 캐롤라인의 80/20 행복 플랜 진행 상황 차트

80/20 방법	
영역	돈
80/20 목적지	2023년까지 집을 구매할 저축금 모으기
80/20 루트	수입의 10% 저축, 투자하기, 저녁과 주말에 일하기
80/20 행동 1	저축계좌 개설, 수입의 10% 자동이체 하기
2	휴가를 위한 일 찾기
3	

월 :   년 :

주 후반	80/20 행동	진행 상황
11월 4일	저축계좌 개설	개설 완료
11월 11일	휴가를 위한 일 찾기	7개 일자리 찾기 완수
11월 18일	상동	5개 일자리에 신청 접수
11월 25일	상동	크리스마스 일자리 취업 완료

80/20 행복 플랜 과정 차트를 완성하는 길잡이

1. 먼저 해결하고 싶은 것을 '영역' 밑단에 1이라고 적는다. 왼쪽에는 [도표19]에서 '영역' 아래에 자신이 적어놓은 것을 반복한다.

2. 오른쪽에는 이번 달, 각 주의 마지막날 날짜를 기재하고, 그것에 맞는 80/20 행동을 명시한다. 매주의 말미에 과정을 메모해둔다.

3. 첫 번째 80/20 행동을 완수하면, 두 번째 80/20 행동을 시작한다. 그렇게 계속해나간다.

4. 한 달 안에 모든 80/20 행동을 완성하면, 남은 날짜를 거두고 스스로를 칭찬하라. 다음 달이 되면 두 번째 영역으로 진행하면 된다.

각 주가 끝나갈 때나 시작할 시점에 스스로에게 자신의 80/20 행동을 상기시켜라. 일기로 써보거나 엽서 형식의 작은 카드에다 적어서 지갑 등에 가지고 다니는 것 역시 도움이 된다. 항상 기억할 수 있도록 80/20 행동을 분명하고 간단하게 정해놓으면 더욱더 좋다. 현실감이 들 수 있도록 자신이 80/20 행동을 실행하는 것을 머릿속에 그려보라.

그렇다고 80/20 행동에 확정일을 두지는 마라. 대부분의 경우에 확정일을 정하면 너무 쉽거나 아니면 너무 어려워진다. 시작했다면 끝날 때까지 80/20 행동을 계속 진행해야 한다.

[도표21] 나만의 80/20 행복 플랜 진행 상황 차트

(** 아래 도표는 개인적인 사용 목적에만 한하며, 상업적인 사용을 금한다.)

80/20 방법		
영역		
80/20 목적지		
80/20 루트		
80/20 행동 1		
2		
3		

월 :	년 :	
주 후반	80/20 행동	진행 상황

몇몇 행동은 하루 안에 끝날 수도 있지만 다른 행동은 몇 달 또는 몇 해가 소요되기도 한다. 진행 상황이 매끄럽지 못하다고 느낀다면, 다른 행동이나 루트를 찾아서 다시 시작할 수 있다. 자신의 판단을 믿으라. 결국 이 모든 행동의 수혜자는 바로 나 자신이니까!

작별을 고하며

루이스 캐럴Lewis Carroll의 《거울나라의 앨리스Through the Looking Glass and What Alice Found There》에서 붉은 여왕은 앨리스를 미친듯이 뛰는 경주에 끌어들인다.

그들은 손을 맞잡고 뛰고 있었는데, 여왕이 빨리 뛰고 있어서 앨리스가 할 수 있는 일이라곤 그녀와 보조를 맞추며 따라가는 것뿐이었다. 하지만 여왕은 "빨리 뛰라구, 더 빨리!"라며 호통을 쳤고, 앨리스는 더이상 빨리 뛸 수 없을 뿐 아니라 숨이 차서 못 하겠다는 말도 나오지 않았다.

그런데 가장 기이한 일은 그들 주위에 있던 나무나 그 외 다른 것들이 변하지 않고 제자리에 그대로 있는 것이었다. 그들이 아무리 빨리 뛰어도 그 어떠한 것도 지나가지 않았다.

"지금이야, 지금!" 여왕은 볼멘소리를 했고, "빨리, 더 빨리!"를 외치고 있었다. 그들은 너무 빨리 달린 나머지 마치 공중을 스치듯이 날아가는 듯했고, 발이 땅이 닿지 않는 것 같았다. 그러자 앨리스는 문득 자신이 숨이 턱까지 차고 현기증이 나서 땅 위에 앉아 있다는 걸 알았다.

앨리스는 놀라 주위를 살펴보았다. "왜죠? 여태껏 우린 그냥 나무 밑에 앉아 있었던 것 같군요. 모든 게 원래 그대로예요!"

"당연히 그렇지!" 여왕이 말했다. "무슨 생각을 하고 있었던 거니?"

"글쎄요, 제가 사는 곳에서는……" 앨리스가 여전히 숨을 고르며 대답했다. "우리가 했던 것처럼 이렇게 오랫동안 빨리 달리면 우린 대개 어떤 장소에 도달하게 되죠."

"아주 느려 빠진 동네로군!" 여왕이 말했다. "지금 여기 네가 보듯이 이렇게 같은 장소를 유지하려면 니가 할 수 있는 만큼 전력으로 달려야 돼. 다른 장소로 가고 싶다면 지금 뛰었던 것보다 두 배로 빨리 뛰어야 할 걸."

어쩌면 캐럴은 그의 작품에서 오늘날 빨리 가라고 재촉하고 많은 것으로 많은 것을 이루려는 패스트 트랙 상황을 비꼬아 신랄하게 풍자한 건지도 모르겠다. 동화 속 앨리스처럼, 우리가 속도를 내면 지치기만 할 뿐 아무 곳에도 도달할 수 없다. 현대 삶의 쳇바퀴는 우리를 혹독하게 닦달해서 빨리 더 빨리 달리라고 하지만, 결코 행복을 얻을 수는 없다. 트레드밀에서 달리는 것처럼 땀나고 힘들지만, 결국에는 제자리에 그대로 있는 셈이다.

패스트 트랙은 오직 속도의 허상을 좋게 만들 뿐이다. 놀이공원의 롤러코스터처럼 신나고 스릴 만점이지만 그렇다고 그걸 타고 다른 곳에 갈 수 없는 이치와 같다.

속도 내기가 아무 데도 데려가줄 수 없는 반면, 천천히 하기는 우리를 어느 곳이라도 데려다준다. 대다수의 상식에 반하지만, 적은 것이 많은 것이다. 오직 중요하고 필수적인 몇 가지 일에만 집중하고, 수많은 잡다한 일의 걱정은 물리침으로써 우리는 행복을 찾아낼 수 있다. 오직 적게 행함으로써 더 많은 것을 누릴 수 있다. 오직 적은 것으로 많은 것을 이루려고 고집해야지만 자신의 삶을 보람되게 할 수 있다.

우리는 비즈니스, 경제, 과학, 기술이 이뤄낸 위대한 업적들의 원칙이, 적은 것으로 많은 것을 이뤄내기라는 사실을 지켜봐왔다. 성공의 모토는 집중, 선별 선택 그리고 혁신이다.

80/20 방법은 개인의 일상에도 이와 같은 원칙의 의미를 부여하고 있다. 불과 몇 세기 전만해도 정말 이상하고 우스꽝스럽다고 치부했을, '많은 것으로 더 많은 것을 이룬다'는 현재의 광풍을 받아들일 필요는 없다. 많은 것으로 더 많은 것을 이룬다는 이론은 지혜롭지 못하다. 이는 사람들의 잠재력을 낭비하게 하고 인간의 지적 능력과 재능에 그리 도움이 되지 못한다. 또한 사회 발전을 위한 어

떤 목적에도 부합되지 않는다. 많은 것으로 많이 이루려는 시도는 성공에만 눈이 먼 자들의 허황된 꿈에 불과하다.

삶의 의미를 찾기 위해서는 우리 내부를 잘 살펴봐야 한다. 자신이 사랑하고 헌신하고 싶은 일들, 또 잘할 수 있고 즐길 수 있는 일 몇 가지를 정해야 한다. 이런 일들을 정했다면 다른 것들은 사소한 것에 불과하다. 깊은 만족감과 적은 것으로부터 많은 것을 이뤄내는 행복감으로 우리는, 많은 것으로 더 많이 얻겠다는 생각과 "빨리, 더 빨리"를 외치는 거친 광풍을 잘 헤쳐나갈 수 있다.

그렇다 해도 80/20 방법 역시 노력이 필요하다.

이 책에서 나는 삶을 통해 성공과 자아실현에 도달하는 좀 더 쉬운 방법이 되어줄 지혜롭고 걱정없는 방향을 제시했다. '적은 것으로 더 많이 이루기'가 '많은 것으로 더 많이 얻어내기'보다 훨씬 쉬운 방법임에는 틀림없다.

하지만 한 가지 측면에서 보면 80/20 방법도 어려울 수 있는데, 바로 시작하기가 힘들다는 것이다. 그 이유로는 현대의 모든 전제가 우리를 많은 것은 좋은 것이고 많은 것으로 더 많은 것을 이룰 수 있다는 쪽으로 내몰다 보니, 우리는 자기 확신이 필요하고 현실을 떠나 도피하게 된다.

적은 것으로 많은 것을 이뤄내기에 동조하여 많은 것으로 많은 것 얻어내기를 배척하면 적은 힘만 들이고도 큰 행복과 만족을 얻을 수 있지만, 이 또한 일정 정도의 지적인 용기(Intellectual courage)

가 요구된다. 현대의 쳇바퀴 같은 삶을 그만두고 소위 출세에만 눈 먼 사람들이 하고 있는 행동을 따라하는 것을 당장 멈춰야 한다. 더 많은 것이 좋다는 생각과 많은 것으로 더 많은 것을 얻겠다는 사고 를 떨쳐내야 한다. 적은 것으로 더 많이 이뤄낼 수 있는 것에 힘을 쏟아야 하며, 이러한 발상이 정상이 아니라고 생각하는 친구들이 나 동료들의 질타에도 꿋꿋이 자기 소신을 고집할 줄 알아야 한다.

감히 단언컨대, 지금쯤 당신은 적은 것이 더 나은 것이고 적은 것 으로 많은 것을 이뤄낼 수 있다는 데 동의할 것이다. 하지만 실제 로 이 같은 생각을 실천하지 않는다면, 이 책을 읽은 것은 무용지물 이다.

앨버트 아인슈타인은 모든 문제는 가능한 단순하게 만들어져야 하지만, 더 단순해져서는 안 된다고 얘기했다. 마찬가지로 80/20 방법 또한 모든 것을 가능한 한 쉽도록 만들지만, 더 쉽게 만들지는 않는다. 궁극적으로 삶을 살아내야 한다는 것은 자신이 할 수 있는 최상의 행동을 취해서 최고의 삶으로 만들어야 한다는 의미인데, 이는 새롭고 지금까지와는 다른 노력이 뒤따라야 가능하다. 그렇 지 않으면 우리는 단지 로봇에 불과하고, 삶은 만들어갈 만한 가치 를 잃게 된다.

그에 반해 사랑과 열정에 사로잡히면 노력은 그야말로 '식은 죽 먹기'다. 슬프게도 대개 우리는 열정이나 사랑보다는 걱정, 죄책감 또는 의무감의 압박에 젖어 있다. 존 파울스John Fowles는, "의무감은 대체로 사소한 것이 중요한 것인 체하는 식으로 이루어져 있다."라고 정의했다. 의무감은 인생의 에너지를 낭비한다. 인간이 성취한 위대한 업적은 의무감이 아닌 열정으로 이뤄냈다.

우리의 삶은 자신에게 행복을 주는 몇 가지 일에 몰두하고 있을 때 가장 즐겁고 또 값지다. 본인이 흥이 나지 않는다면 그 어느 것도 소용없다. 진정한 자기 자신이 될 수 없다면, 인생은 아무 의미도 없다. 그러나 신나고 진정한 자신이 되면, 행복과 성취감은 말 그대로 무한대다.

80/20 방법의 비전은 우리 각자가 개인으로서 독립성을 가지는 세상이 되고, 스스로 책임지며, 우주상에 존재하는 자신만의 유일한 분야를 발견하여 즐기고, 안 좋은 기억들은 떠나보내고, 행복한 자녀를 두고, 예술, 과학, 문학 또는 타인을 위한 봉사를 증대시키는 데 있다.

일상의 대부분이 사소한 것이고, 우리가 하는 일의 상당수가 그럴 만한 가치가 없다는 것을 아는 건 멋진 일이다. 물론 청소, 세탁 또는 생계를 유지해야 하는 필요성 등 평범한 일상을 무시해서는 안 된다. 중요한 것은 왜, 그리고 어떻게 우리가 해나가고 있느냐다. 삶과 행복을 의미있게 해주는 그 어떤 것도 소중하다. 하지만 행복하지도 않고 다른 사람을 행복하게 만들지도 못하며, 또 자신이 일하는 분야에서 최고가 될 수 있을지 알지도 못한 채 삶에 정처 없이 표류하는 건 그냥 낭비일 뿐이다.

그렇다! 80/20 방법을 터득하려면 약간의 노력을 해야 한다. 당신에게는 20/20 비전이 필요한 게 아니라 80/20 비전이 필요하다. 그러려면 다른 태도를 취해야 한다. 군중 속에서 다름을 인정해야 하고, 현대의 지배적인 인식의 *끈끈한* 사슬을 끊어내야 한다. 그리고 행동해야 한다. 물론 행동으로 옮길 수 있다. 하지만 앞으로 그렇게 할 것인지 지금 결정하라. 시작하면 된다! 하다 보면 무척 쉬운 방법이라는 걸 알게 될 것이다.

행동하지 않고도 이 책을 즐길 수 있지만 그런 즐거움은 잠시뿐 금방 사라진다. 내 소망은 책을 읽은 독자들이 작지만 잘 짜여진 몇몇 행동으로 시작해서 인생을 바꾸고, 행복이 흘러넘쳐 사랑하는 사람들에게까지도 전달되기를 바란다. 행복을 마구마구 늘리고 싶다면, 지금 바로 행동을 개시하라!

감사의 글

'80/20 법칙'에 바탕을 둔 심플한 자기계발서를 쓰자는 아이디어는 로렌스 톨츠와 니콜라스 브릴리Nicholas Brealey(출판사 대표)로부터 각각 나온 것이었다. 스티브 저쇼스키 또한 모든 사람들이 접근 가능한 책을 쓰라고 격려해준 중요한 사람이었다.

나는 책을 쓰는 매 과정에서 중요한 비평과 격려를 아끼지 않은 로렌스 톨츠에게 커다란 빚을 졌다. 그는 엄청난 시간을 공유해줬고, 이 책에 수많은 아이디어를 제공해줬다. 그의 유일한 동기는 책을 읽는 독자들이, 오늘날 널리 퍼져 있는 '더 많이'라는 물질의 마약에 중독되어 삶을 파괴하지 않음으로써 더 풍요롭고 더 나은 삶을 살 수 있도록 돕고 싶다는 열망이었다. 로렌스도 책을 쓰는 저자이니 꼭 그의 훌륭한 책을 찾아보길 바란다.

나는 또한 톰 버틀러 보우든Tom Butler - Bowden으로부터 개인적인 의견, 피드백, 그리고 비평을 들었는데, 그는 나와 함께《80/20 법칙》을 쓴 공저자이며, 그가 쓴 멋진 책《50가지 자기계발서 클래식50 Self - Help Classics》은 내가 속편을 쓰도록 한 자극제가 되기도 했다.

나에게 위대한 영감을 준 또 한 명의 사람은 심리학자이자 비즈니스 코치인 조너선 유델로위츠Jonathan Yudelowitz이다. 조너선과 나는 원래 이 책을 함께 쓰려고 했었고, 그의 인사이트로부터 나온 심리학적 아이디어를 꽤 많이 공유했다. 조너선은 CEO와 그 조직들이 경쟁에서 이기기 위해 함께 노력하도록 돕는 데 전문성을 지닌 세계적 비즈니스 코치이다.

이 책의 초벌 원고를 - 더 짧고 단순하게 쓰는 것이 얼마나 어려운지, 그것을 위해 얼마나 많은 원고를 썼는지 아마 당신은 모를 것이다 - 수많은 내 친구들은 면밀히 검토한 후 부적합 판정을 내렸었는데, 그들에게 얼마나 고마운지 모른다. 특히 앤디 코스테인Andy Costain, 메리 색스 – 펄스테인Mary Saxe - Falstein, 줄리 존슨Julie Johnson, 페넬로페 톨츠Penelope Toltz, 로빈 필드Robin Field, 크리스 아일스Chris Eyles, 매튜 그림스데일Mattew Grimsdale, 앤서니 라이스Anthony Rice, 그리고 제이미 리브Jamie Reeve에게 고맙다는 인사를 하고 싶다.

그리고 내 절친들과 셀 수 없이 많은 중요한 방식으로 책을 집필하는 데 도움을 준 개인 비서인 애런 캘더Aaron Calder에게 특별히 감사의 말을 전한다.

나의 가장 냉철한 비평가는 니콜라스 브릴리이며, 그의 피드백 덕분에 더 좋은 책이 만들어졌다. 책의 콘셉트를 잡고 마케팅하는 데 있어 훌륭하게 일해준 앤지 태니시Angie Tanish와 빅토리아 벌록Victoria Bullock에게도 감사의 꽃다발을 전하고, 또한 샐리 랜스델Sally Lansdell이 보여준 최고의 편집과 디자인 실력, 그리고 미국 콜로라도 주 베드록에서의 교통수단에 대한 백과사전식 지식에 특별한 감사의 뜻을 표한다.

마지막으로 내 전작들, 특히 《80/20 법칙》을 읽은 수백만의 독자들에게 감사하다. 그들은 내가 책을 통해 독자들의 삶에 도움을 줄 수 있다는 사실을 깨닫게 해주었다. 그런 경험으로부터 나온 지혜들을 여기 이 책에도 실었으며, 이는 새로운 많은 독자들에게도 도움이 될 수 있을 것이다. 당신이 이 책을 읽고 어떤 의견이라도 있다면, richardjohnkoch@aol.com으로 메일 보내주기를 바란다.

Notes

Chapter 1

Data from the census on April 21, 1991 relating to England alone (not including the rest of the United Kingdom) from the website www.citypopulation.de.

⟨The Economist⟩, 27 November 1993, p.33

⟨The Economist⟩, 17 July 1993, p.61

Stanley Milgram (1967) 'The small–world problem', ⟨Psychology Today⟩, Vol.2, pp.60–67

Malcolm Gladwell (2000) ⟪The Tipping Point: How Little Things Can Make a Big Difference⟫, Boston: Little Brown

Chapter 2

I am grateful to the late, greatly missed Douglas Adams for these examples.

See Douglas Adams (2002) ⟪The Salmon of Doubt: Hitchhiking the Galaxy

One Last Time》, New York: Harmony.

If you value them.

This means no cell phone, pager, email, or other distractions, especially not work-related ones.

Chapter 3

1. Theodore Zeldin (1995) 《An Intimate History of Humanity》, New York: HarperCollins

Chapter 4

Using contraception, for example; whether right or wrong, it is opposed to our genes' interests.

Chapter 6

See Martin E.P Seligman (2003) 《Authentic Happiness: Using the New Positive Psychology to Realize Your Potential for Deep Fulfillment》, London: Nicholas Brealey.

Joe Dominguez and Vicki Robin (1992) 《Your Money or Your Life: Transforming Your Relationship with Money and Achieving Financial Independence》, New York: Viking Penguin. A brilliant free 25-page summary of the book by Clare Moss and Laurence Tolz is available at www.

simpleliving.net/ymoyl/fom–about–summary.asp or see the website www.
simpleliving.net.

Chapter 7

If in doubt, consult Seligman, op cit, pp.189–195

See Martin E.P. Seligman (1991) 《Learned Optimism》, New York: Knopf

Chapter 9

Viktor E. Frankl (1946, 1984) 《Man's Searching for Meaning》, New York:
Washington Square Press.

By 'parsimonious' I mean being economical and therefore highly selective
with our actions.

Chapter 10

The worksheets may be copied for personal use only, not for commercial
purpose.

Lewis Carroll (1872) 《Through the Looking Glass, and What Alice Found
There》, London: Macmillan. See Penguin Classics edition of Lewis Carroll
(1998) 《Alice's Adventures in Wonderland and Through the Looking Glass》,
London: Penguin, pp.141–143